世界历史视域下中国式现代化道路的演进逻辑研究

胡博成 著

天津出版传媒集团

天津人民出版社

图书在版编目（CIP）数据

世界历史视域下中国式现代化道路的演进逻辑研究 /
胡博成著. -- 天津 ： 天津人民出版社，2025. 7.
ISBN 978-7-201-20991-3

Ⅰ. D61

中国国家版本馆 CIP 数据核字第 2025VM7478 号

世界历史视域下中国式现代化道路的演进逻辑研究
SHIJIE LISHI SHIYU XIA ZHONGGUOSHI XIANDAIHUA DAOLU DE YANJIN LUOJI YANJIU

出　版	天津人民出版社
出 版 人	刘锦泉
地　址	天津市和平区西康路 35 号康岳大厦
邮政编码	300051
邮购电话	(022)23332469
电子信箱	reader@tjrmcbs.com
责任编辑	武建臣
装帧设计	李　一
印　刷	天津新华印务有限公司
经　销	新华书店
开　本	710毫米×1000毫米　1/16
印　张	14.5
插　页	2
字　数	210千字
版次印次	2025 年 7 月第 1 版　2025 年 7 月第 1 次印刷
定　价	88.00元

序 言

胡博成是我担任硕士生导师后带的第一位研究生,不久前他邀我为其参加工作后撰写的第一本专著《世界历史视域下中国式现代化道路的演进逻辑研究》作序,我自然非常高兴,也非常荣幸!可以说,自博成2015年入校攻读硕士研究生以来直到博士毕业留校任教,在这十年时间里,我见证了他在学术道路上的那种执着探索以及由此而来的快速成长。我清楚地记得,在研究生阶段,除了认真学习校内老师们所教授的内容并积极参加研讨交流外,从研一第二学期开始,博成就在每周的周二、周三坚持从华东理工大学徐汇校区出发奔赴上海财经大学,认真旁听上海财经大学鲁品越教授和张雄教授的课程。这一坚持就是三年多,每次往返在两校的时间基本上都在三小时左右。那段时间我每次和他交流的时候,总能感受到这个小伙子打心眼里对马克思主义政治经济学研究的坚韧和执着。特别是当他谈起鲁品越老师对他这种求学钻研精神的肯定时,那种挂在脸上的学术愉悦感至今历历在目。在攻读博士学位及毕业后留校参加工作的时间里,他一直在政治经济学领域笔耕不辍,发表了一系列高质量的学术论文。得益于严格的科研训练和艰辛的自我积累,博成已能较为敏锐地对政治经济学前瞻性议题做出回应,在经济全球化与中国道路、中国式现代化等问题上更是有着自己较为深入的见解。

本书是博成在承担上海市哲学社会科学规划"研究阐释党的二十大精

神"专项课题研究基础上形成的。博成博士毕业前后开始关注中国式现代化问题,并以此形成了系列研究论文。在面对课题招标时,他更进一步提出要在世界历史视域下,通过探寻过去、现在与未来的内在贯通,努力在逻辑与历史、理论与实践的高度一致中,全面系统地讲好中国式现代化的故事。在课题申报期间,他也多次与我就该主题涉及的相关问题进行过深入交流。在课题立项之后短短的一年多时间里,他就顺利完成了书稿撰写。在我看来,这完全是他多年来厚积薄发的结果。

中国式现代化道路的形成发展有着深刻的世界历史渊源。自习近平总书记提出中国式现代化以来,学界就围绕中国式现代化的来源、形成与发展进行了深入研究并形成了系列研究成果。平心而论,以世界历史阐释中国式现代化道路是一项具有挑战性的议题。世界历史是以资本为核心的现代性所开辟出的人类社会生产和交往的时空进程和发展样态。对于研究各国现代化进程的学者而言,如何把有着不同地域特色和具体国情的国家在普遍性与特殊性的内在张力中,形成的既有世界各国现代化一般性特征,又具有本民族特色的这一特质和机理讲清楚,则成了研究这一论域的核心关键。特别是对当代中国学者而言,当我们在中国共产党领导下,通过百余年奋斗成功开创中国式现代化及人类文明新形态,并由此成功打破现代化就是西方式现代化迷思的背景下,如何在"反思西方理论和话语""构建具有主体性的中国理论"的过程中,讲好久经磨难的中华民族在中国共产党领导下迎来站起来、富起来、强起来背后蕴含的中国特色、中国智慧和中国方案,从而在摆脱学徒状态后尽快形成符合自身发展实际且能被广泛接受认同的话语叙述体系,无疑成为当代马克思主义者最为重要且紧迫的任务之一。换言之,以世界历史阐释中国式现代化道路,既要有着对世界历史形成发展和理论基础的关注,也要有对中国式现代化道路形成发展的历史和现实把握。把这两者的关系处理好,是一项重要且艰难的学术挑战。难能可贵的是,博成以世界历史视域下中国式现代化道路的历史演进为切入点,在过去—现在—未来的时空甬道中,形成了关于世界历史与中国式现代化互动关系的解释框架,为讲好中国式现代化的故事贡献了一位年轻马克思主义学者应尽的绵薄之力。

正如本书所言,1840年以来中华民族面临着空前严峻的发展危局,这一空前严峻的危局与现代性绝对权力密切相关。资本的全球扩张将原来地域性的或民族性的国家不断纳入世界历史进程,同时形成了世界范围内的权力分配和依附关系,如农业对工业、乡村对城市、东方对西方等依附关系,这意味着世界上一切民族和国家都逃不开资本主义生产关系。现代化的历史命运是普遍的,但民族国家的现代化条件是历史的、具体的。中华民族有着悠久的文明发展史,其现代化的形成与发展必然有着深刻的民族历史性。那种以普遍抽象性为基础的,强制加到中华民族发展进程中的现代化,是幻想,是哲学意义上的外部反思。从历史唯物主义的视角来审视,对于中华民族而言,如何在与国际资本同存共长的世界体系中找到适合自己的位置,特别是在秉承本国优秀传统文化、吸纳世界各国发展成果和发展马克思主义的过程中,通过克服资本扩张悖论、追求经济社会发展正义进而实现民富国强,就成为肇始于资本主义的世界历史抛给中华民族的一份历史答卷。令人欣慰的是,虽然中华民族曾经遭遇国家蒙辱、人民蒙难、文明蒙尘的空前劫难,但在1840年以来历代仁人志士为探索国富民强付出巨大的牺牲和代价后,我们终于建立了与马克思主义、与社会主义的本质关联,并由此全面开启了对中国式现代化道路的探索。这种建立在社会主义定向上的现代化探索,必将对中华民族、世界社会主义和人类未来走向产生深远影响。

综合来看,这本专著的理论价值也是明显的。首先是基于马克思世界历史理论阐释中国式现代化道路形成、发展的演进逻辑,有助于进一步拓展中国式现代化道路研究的理论视角,为社会主义现代化建设提供更为宏大的阐释场域。其次是这一以世界历史作为阐释中国式现代化道路形成、发展的演进逻辑的研究向度，既阐明了中国式现代化的形成、发展场域是世界历史，而且也明确提出了中国式现代化对世界历史发展进程产生的深远影响。这无疑有助于我们在更为一般且通约性更强的前提下，理解好、认识好中国式现代化对克服、化解资本主义现代化弊端，以及对后发国家走向现代化所具有的重大意义。最后就是通过整体上梳理近现代以来中国式现代化道路演进历程的尝试，有助于引导我们在历史、当下和未来相贯通的历史甬道中，系统而非阶段、整体而非碎片、全面而非局部地做好中国式现代化研究。

本书的出版将为胡博成走向更为深入的研究打下坚实基础。我期待并相信，在这个需要理论而且一定能够产生理论、需要思想而且一定能够产生思想的伟大时代，博成定能在既有的中国式现代化道路研究基础上，直面重大时代现实问题，继续围绕当代中国马克思主义、21世纪马克思主义进行更为丰富且深入的研究！

邱卫东

华东理工大学马克思主义学院

2025 年 5 月 10 日

目　录

绪　论

　　走向现代化是人类社会发展规律的内在规定和历史必然,是世界各国人民为实现美好生活而不断为之奋斗和探索追求的历史定在。从人类现代化发展渊源层面来看,现代化肇始于西方资本主义,因此在谈及现代化时必然离不开对资本主义现代化的回溯和关注。资本主义现代化形成发展的中轴范畴是资本,其围绕资本增殖逻辑建构起了资本主义现代化生产和生活方式。资本为实现自身增殖不仅在国内荡平了一切阻碍因素,建构了资本主义文明;而且为进一步拓展市场和获取原材料,持续突破了地理边界限制,由此打破了民族国家孤立发展的状态,实现了人类社会从民族历史向世界历史的转换。就此而言,资本主义现代化和世界历史存在历史发展周期的同构性,也正是这种特性框定了世界历史的内在局限性,资本主义生产方式的内在局限性演化成了世界历史的种种问题。

　　马克思深刻剖析了资本和资本主义现代化种种内在不可调和的症候,指出人类终将走向扬弃资本的理想社会形态,同时世界历史亦会随之进入新的发展阶段。换言之,资本主义现代化的发展起源以及未来走向,是马克思用以验证人类社会历史发展走向的鲜活案例。马克思对人类现代文明发展规律的揭示,为无产阶级解放自身和全人类、走向共产主义锻造了"思想武器",为世界社会主义运动提供了科学的指导思想。就人类文明发展的演进规律和趋势来看,社会总是从低层级文明发展演化到更高层级文明形态,新的文明形态必然会经历否定之否定的过程,即与资本主义取代封建主义一样,资本主义终将被共产主义所取代。就人类社会发展的演进历程来看,资本主义现代化确实在创造巨量财富、推动现代文明形态进程中开启了世界历史进程,但伴随其中的血腥殖民及产业控制给广大发展中国家和地区带来了深重灾难。从发展起源层面来看,资本主义现代化及其开启的世界历史是阐释中国式现代化道路绕不过去的核心议题,资本主义殖民扩张是近代中国被动卷入世界历史进程、探索现代化建设的外部因素,同时资本主义现代化及其世界历史之内在症候构成了中国式现代化道路的扬弃对象。中国式现代化在革命、建设、改革和新时代的接续探索中取得了对世界历史产生深远影响的成就,并深刻改变了世界历史发展格局,此即以世界历史视域深化研究中国式现代化道路演进逻辑的理论、历史和现实基点。

第一节　研究背景和意义

一、研究背景

实现现代化是人类社会发展演进的必然历史潮流,同时现代化与世界历史有着深层关联逻辑。这不仅为我们洞悉人类现代化发展规律提供了不可或缺的理论视角,而且为研究中国式现代化道路演进提供了不可回避的现实场域。现代化最早以资本主义在欧洲产生发展为初始形态,并随着世界历史形成发展拓展到世界各地,在这个过程中扬弃资本主义现代化的社会主义现代化产生,并以此对世界历史发展进程产生了深远影响。就世界历史与中国式现代化的关系来看,中国式现代化道路是形成发展于世界历史发展进程同时深刻影响世界历史发展格局的现代化,它既具有人类现代化发展规律的共性,又有着自身民族特色和优势;既是深受世界历史发展潮流影响,又是彰显社会主义价值取向的新型现代化。研究中国式现代化道路固然离不开来自中国社会内部宏观、中观和微观层面的论据支撑,固然需要运用现代化理论考察中国具体国情,但也需要着眼于与之共存发展的资本主义现代化及其形成的世界历史,中国式现代化道路是世界历史进程和人类现代化的重要组成部分。

实现现代化是中国共产党领导全国各族人民接续奋斗的重要历史使命,是中华民族近代以来无数仁人志士孜孜以求的复兴梦想。经过革命、建设、改革和新时代的接续发展,中华民族全面建成小康社会,成功走出了一条中国特色和民族特色的中国式现代化道路,并迈向了全面建成社会主义现代化强国新征程。面对社会主义现代化取得的辉煌成就,以及资本主义现代化取得的文明成就,如何更深刻、更睿智地回应中国式现代化与资本主义现代化的异同,如何更透彻地向世界展示中国式现代化取得的成绩,成为当代中国理论研究工作者必须直面的理论问题。中华民族的现代化建设取得了举世瞩目的成就,国内生产总值跃居世界第二,不仅意味着近代落后挨打的局面一去不返,而且证明中华民族伟大复兴成为指日可待的事实。问题在于不仅国内民众在与资本主义纵深对外交往过程中形成了对资本主义现代化和社会主义现代化的异同比较,产生了对"中国特色"的偏差性认识,如中国特色资本主义等论断;而且西方资本主义国家对社会主义充满了意识形态敌意,各种"威胁论""黄祸论""终结论"等甚嚣尘上,如何更好地理解和阐释中国式现代化道路,成为对内凝聚共识、对外讲好中国故事的关键维度。

就上述来看,研究世界历史与中国式现代化道路的演进逻辑必然离不开对国内和国际两个向度的关注。在世界历史进程中阐释中国式现代化道路的由来及发展,是进一步升华社会主义现代化主题价值意义,有效凝聚共识、汇聚人民磅礴伟力建设社会主义现代化强国的内在需要。中国式现代化道路的形成发展过程有其特殊性和艰巨性,如何在世界历史进程中阐释清楚中国式现代化道路的内在演进逻辑,特别是如何理解从资本主义到苏式经典社会主义再到中国式现代化道路的内在转换逻辑,无疑是深化认识和把握社会主义现代化建设的理论前提。在世界历史进程中阐释中国式现代化道路的形成演进过程,既是有效回应西方资本主义种种质疑、讲好中国故事的需要,也是提炼社会主义现代化建设经验、建构中国特色话语体系的要求。并不像部分研究者形而上学地将中国式现代化道路形成发展开端定为改革开放以来那样,中国式现代化道路形成发展有着更宽广的历史视野。就形成发展和主体性质来看,中国式现代化是中国共产党领导的具有社会主义性质的现代化,但其发展演进必然离不开近代以来各社会阶级现代化的抗争,离不开近代以来中华民族现代化探索的历史积累。鸦片战争以来,中华民族在西方资本主义的坚船利炮胁迫下被迫打开国门,具有前瞻思想认识和发展意识的仁人志士率先反思了近代中国落后挨打的原因,由此进一步形成和确认了追求实现民族独立、国家富强目标的现代化诉求。换言之,中国式现代化道路的形成发展开端与中国近代遭遇存在紧密关联逻辑,被动卷入世界历史进程中的东方大国在现代化道路抉择方面做出了多次探索,最终选择了以苏俄为师,走向了社会主义现代化道路。

党的十八大以来,习近平总书记围绕社会主义现代化形成了系统而深刻的论述,以中国式现代化道路开启了社会主义现代化的"术语革命",进一步丰富和发展了社会主义现代化的理论和实践蕴含。百年未有之大变局标志着世界历史出现了明显转向,资本主义和社会主义两种现代化模式在世界历史进程中呈现出了全新发展态势,由此塑造和改写了世界历史发展走势。全球化事实证明,资本主义现代化的种种问题日益成为掣肘21世纪世界历史可持续发展的内因,社会主义中国以其显著成就焕发出旺盛的生命力,并在世界发展格局中发挥出日益重要的作用。在中国式现代化道路理论和实践如火如荼开展的过程中,世界历史构成了阐释中国式现代化道路的宏大历史场域和历史契机,中国式现代化道路是诞生于世界历史并影响世界历史的新型现代化,为此用世界历史来系统把握中国式现代化道路的演进逻辑就显得尤为重要。

二、研究意义

本研究主题为"世界历史视域下中国式现代化道路的演进逻辑",目标在借助世界历史解释中国式现代化道路形成发展过程呈现出的逻辑并进行理论升华。世界历史是助推中国式现代化道路形成发展的历史、理论和现实基点,同时也是凸显中国式现代化道路对人类现代化、世界历史、人类文明新形态具有重要启示意义的关键维度。从世界历史视角切入阐释中国式现代化道路演进逻辑,有助于系统把握近代以来中华民族如何实现从被动卷入世界历史到影响世界历史的升华,有助于以世界历史为场域进一步融贯革命、建设和改革不同历史发展阶段的内在逻辑,有助于以世界历史阐发中国式现代化道路彰显的人类文明新形态意义。根据世界历史与中华民族现代化探索关系来看,中国式现代化道路的形成发展有着四个历史和逻辑严密相扣的环节,即卷入世界历史—顺应世界历史—走向世界历史—引领世界历史。厘清这四个环节的内在关联,是讲清楚世界历史与中国式现代化道路演进逻辑的前置条件,是揭示中国式现代化何以具有影响中国、改变世界的内在基因密码。

本研究主要理论价值集中体现在以下三个层面:一是基于马克思世界历史理论阐释中国式现代化道路形成发展的演进逻辑,有助于进一步拓展中国式现代化道路研究的理论视角,为社会主义现代化建设提供更宏大的阐释场域。中国式现代化道路的形成发展有着众多现代化理论发展源头,其中世界历史既构成研究现代化起源和延展的关键视角,也实现了中国式现代化道路的马克思主义链接,是揭示人类现代化从资本主义到共产主义转向的历史唯物主义核心论据,进一步解释了中国式现代化道路之于人类现代化和社会演进的终极意义。二是世界历史是阐释中国式现代化道路形成发展演进逻辑的关键向度,是拓展和升华其价值意蕴的核心。研究中国式现代化道路的价值意蕴绝不能仅仅局限于国内方方面面因素,更重要的是其形成发展场域是世界历史,并且其对世界历史发展进程产生了深远影响。概述中国式现代化道路的新文明形态意蕴必然离不开世界历史视角,只有在更宏大的世界历史发展进程中才能深刻洞悉其引领历史、引领未来的价值意蕴。无论是中国式现代化对后发国家的借鉴引领,还是对资本主义现代化的补缺,都是超出中国现代化国内范围的世界历史视角。三是从整体上梳理近代以来中国式现代化道路形成发展演进的历史脉络,有助于进一步把握社会主义现代化道路形成发展的历史因由、历史主动、历史探索和历史贡献,这为理解中华民族缘何走向社会主义现代化提供了历史解释。历史是省思过去、把握未来的重要标尺,世界历史是整体性历史,有助于引导人民规避碎片化思维,从整体性视角深化对中国式现代化道路的历史发展轨迹及内在逻辑的认识。

随着社会主义现代化建设的纵深推进特别是现代化建设取得的辉煌成就,中国式现代化道路日益成为社会各界关注的热点和前瞻议题,同时也为社会主义现代化建设指明了前进方向。故本研究的现实意义体现在以下三个方面:一是以世界历史为切入点,厘清中国式现代化道路的演进历程及深层机理,有助于对质疑中国式现代化与人类现代化关系的说法做出体系化解说。在世界历史发展进程中,中国式现代化与人类现代化是特殊和一般关系,中国式现代化既有中国特殊样式也有人类一般性质。质疑中国式现代化道路的说法是对现代化一般和特殊关系的曲解,偏离了世界历史与人类现代化发展的互动关系,忽视了世界历史发展进程中的现代化发展规律及表征。二是中国式现代化道路是在世界历史发展进程中生成的新型现代化,脱离世界历史来强调中国式现代化道路就失去了人类历史参考坐标。中国式现代化的独特性是在世界历史进程中获得的,是基于与资本主义现代化比较而获得的。换言之,中国式现代化道路本身内含了世界历史维度和意蕴,只强调中国政治经济文化方方面面成绩,难以全面凸显中国式现代化道路对人类现代化做出的历史贡献。为此,借助世界历史视野,中国式现代化道路对人类和世界历史发展的重要价值和意义可以得到更深刻更全面的彰显。三是进一步探讨中国式现代化道路形成发展规律,以世界历史角度揭示其演进逻辑,并实现其发展轨迹的历史升华。中国式现代化道路形成发展的场域是世界历史,理论基础是历史唯物主义,由此可以借助演进历程进一步把握其凸显的历史逻辑。中国式现代化道路不仅具有形成发展的历史脉络,而且其实践活动呈现出了历史主动,做出了历史贡献。换言之,中国式现代化道路与世界历史之间有着深刻的互动关系,不论是革命、建设还是改革都是中国共产党顺应世界历史发展规律形成的阶段性现代化建设策略。据此可以毫不夸张地说,中国式现代化道路成也世界历史、兴也世界历史,世界历史亦因中国式现代化道路实现了总体格局、价值理念和发展方向的深刻改变。

中国式现代化道路的形成发展必然离不开理论、历史和现实逻辑,即马克思主义理论、中国共产党领导全国人民的历史探索和具体的历史国情是研究中国式现代化道路形成发展绕不过去的影响因素。需要重视的是,中国式现代化道路是人类现代化历史发展进程的一部分,其必然离不开影响和表征人类发展走向的世界历史坐标系。从近代被动卷入世界历史到新时代影响世界历史发展进程,深刻印证了中国式现代化道路与世界历史的深层关联。因此以世界历史为视角深化阐释中国式现代化道路演进逻辑,不仅有助于在与西方现代化理论对话基础上,建构中国式现代化研究话语和学派,在世界历史进程中升华社会主义现代化建设的内在必然逻辑;而且有助于进一步厘清中国式现代化道路演进过程中的历史因由、主动、发展和贡献,有助于为社会主义现代化强国建设进一步廓清理论和实践前提,为社会主义的世界历史定位提供更清晰的体悟逻辑。

第二节 研究范畴及动态

新时代中国特色社会主义现代化建设取得的伟大成就,对人文社会科学领域理论和实践研究提出了更高要求,如何向国内国际讲清楚社会主义现代化成就的历史起源和内在成功密码,为社会主义现代化建设凝聚磅礴伟力、营造良好国内国际社会环境,是学界研究中国式现代化道路义不容辞的责任。综合近年来学界研究现状来看,现代化不仅是人文社会科学研究领域的显学,众多知名学者围绕现代化开展了富有成效的研究,而且世界历史也是人文社会科学研究领域的前瞻理论,关于世界历史的研究系列著作和论文不断涌现。需要注意的是,在现有研究成果中,部分研究已经关注到了世界历史与中国式现代化道路的内在关系,并且取得了部分具有代表性和影响力的成果,这为世界历史与中国式现代化道路的演进逻辑研究提供了研究基础。

一、研究范畴

世界历史与中国式现代化道路演进逻辑研究主要涉及的基础范畴有世

界历史、现代化以及中国式现代化，这三组范畴之间的深层关联逻辑，为本研究奠定了理论研究基础。世界历史不仅是透视中国式现代化的场域和契机，而且是解释人类现代化绕不过去的范畴；现代化在为中国式现代化道路提供理论基础的同时，也为人类缘何告别前现代社会澄清了理论前提；中国式现代化道路是本研究的中心主题，是连接世界历史和现代化范畴的关键，即这三组范畴共同建构了本研究的理论主线和发展脉络。

（一）世界历史

尽管世界历史是马克思历史唯物主义理论的核心范畴，但现有相关教科书并没有形成对世界历史范畴的明晰界定，马克思的世界历史理论散落在诸多著作中，学界对何谓世界历史、世界历史何为有着众多大相径庭的研究认识。面对20世纪恢宏的全球化浪潮，社会科学研究工作者立足全球交往审视了世界历史范畴，进一步发掘了世界历史与全球化的关联逻辑，为深化拓展马克思世界历史思想内涵要义奠定了前提。就起源和内涵来看，世界历史与全球化是相互交织相互阐释的概念，全球化主要描述了人类生存生活状态的变化，而在实际指向和价值层面，世界历史是超越当下的复合性范畴，具有更强的历史穿透力。显而易见，世界历史具有更深邃的历史唯物主义底蕴。世界历史有着深远的历史和理论渊源，同时兼具历史和哲学双的重指向。历史学意义上的世界历史是通常意义上的人类社会发展历史，它是相对于国别和民族历史发展来说的范畴，是从整体上描述人类世界历史变化的状态；哲学意义上的世界历史主要是指资本主义诞生以来各民族各国家相互作用相互影响形成的整体性历史。与历史意义上的世界历史范畴不同，马克思基于历史哲学反思了资本主义诞生以来人类社会的发展演化趋势，在世界历史发展进程中着重研究了资本主义形塑的东方和西方、农业和工业、城市和乡村关系，建构起了终极价值关怀在实现人的自由全面发展的世界历史范畴。换言之,世界历史的终极价值旨向是区分哲学或历史意义世界历史的关键。马克思的后继者延续了马克思世界历史思想的价值旨向,进一步厘清了哲学和史学领域的世界历史范畴,从时间和空间统一向度中进一步丰富发展了世界历史思想蕴含。

概言之,马克思用历史哲学反思了资本主义诞生以来人类社会历史发展进程,在充分总结和提升世界历史发展现实基础上形成了世界历史思想。尽管近代以来的世界历史是资本主义开创并且主导的进程,但这并不意味着马克思只关注了资本主义世界历史。在揭示资本主义世界历史种种困顿及原因的基础上,马克思还阐述了共产主义世界历史的基本样式,即马克思的世界历史绝不是唯哲学或唯历史的范畴,而是兼具历史和哲学范式的理论范畴。那种将世界历史界定为某一学科特性范畴的做法,曲解了历史唯物主义,是以非此即彼的形而上学思维认识偏离了对世界历史本质的把握。马克思世界历史思想是在扬弃黑格尔世界历史思想基础上形成发展的,辩证把握马克思世界历史形成发展要件、动力机制、未来趋势以及价值旨向,不仅有助于全面深化理解人类现代化发展起源和未来走向,而且有助于为阐释中国式现代化道路形成发展提供理论基石。

(二)现代化

现代化原初含义就是指一个国家或者民族从传统农业社会向现代工业社会转型发展的过程,其意味着人类改造自然的能力得到了系统性提升,故现代化的物质基础来自经济社会的转型发展,工业生产方式是人类现代化形成发展的重要物质基础。当然就现代化的具体内涵指向来看,现代化绝不是一个单纯的经济学概念,而是涉及政治、经济、社会等众多领域和学科的综合性范畴,它的产生源于欧洲工业革命,因此作为人类现代化先行者的欧洲,为人类贡献了众多具有深远影响的现代化理论。在传统社会或者前现代社会，人们主要从事农业生产活动，一般意义的生产生活受自然条件束缚程度大，人类很难突破地域限制进行大规模经济交往活动。而进入现代社会以来，人们通过工业化生产方式获得了对自然的强大改造能力，为超越地域和主权边界进行经济交往和实践活动提供了强大的物质基础。即现代社会生产力获得进一步解放的基础在于工业革命，借助大工业生产方式，人们改造自然、征服自然的能力和水平得到了显著提升，由此现代化与工业化之间形成了紧密关联的逻辑。18世纪以来，欧洲众多思想家从不同视角出发，解释了人类社会从传统到现代转变的历史因由，为人类贡献了宝贵的现代化理论。尽管他们并没有正式提出现代化理论，但他们描绘了人类现代社会形成发展的历史进程，并从各自研究的视角呈现了现代社会发展规律。在众多研究现代化的思想家中，马克斯·韦伯和马克思无疑是最值得关注的，他们从不同视角阐述了资本主义现代化的发展历程、条件和成因等，为人类理解现代社会和现代化提供了核心理论视域。一直到20世纪初期，人类现代化理论依然处于孕育发展阶段，这一阶段的现代化理论主要探讨的是资本主义现代化的历史经验和现实问题。人类现代化理论体系得以丰富和延展的历史契机在两次世界大战，第一次世界大战期间诞生了人类历史上第一个社会主义国家苏联，马克思预言的未来理想社会的现代化和新的世界历史获得现实实践支持。第二次世界大战结束后，众多亚非拉发展中国家纷纷走向探索现代化建设的道路，人类现代化理论开始呈现既有资本主义也有社会主义、既有西方资本主义也有非西方中心的并存局面，人类现代化理论和实践进入了众说纷纭、异彩纷呈的时代。

资本主义国家为了维持资本在全球增殖需要，不断将资本主义现代化塑造为至尊神话，并以此来剪裁衡量广大发展中国家发展模式，给广大发展中国家和世界历史发展进程带来诸多难以持续发展的深层问题。越来越多的全球化问题说明，资本主义现代化没有未来，人类必须探寻新的能够拯救自身的新型现代化理论。马克思主义和俄国十月革命开启的社会主义现代化，打破了资本主义现代化的独霸地位，为人类走向新的世界历史提供了理论和实践指引。在这个过程中，苏东剧变打乱了社会主义和资本主义两大社会现代化的并行发展状态，对社会主义现代化探索带来了负面冲击和影响，中国特色社会主义何去何从成为决定人类现代化发展走向的重要因素。现代化的本质在于改善和提高人民的生活水平。资本主义现代化以资本增殖为唯一目的，不仅罔顾国内人民群众的生存发展权益，而且牺牲了广大发展中国家人民群众的发展空间。中国式现代化道路既不是对资本主义现代化的改良，也不是对苏联经典社会主义现代化的模仿，而是中国共产党以马克思主义为指导的原创性现代化。

（三）中国式现代化道路

原创性概念是彰显某一理论价值的最高水准，是阐释某一理论的权威范畴。作为具有原创意义的中国式现代化道路，以明晰的内涵和外延为人类贡献了新型现代化。习近平总书记在党的二十大报告中全面提炼了中国式现代化道路的内涵和特征，为进一步把握和理解中国式现代化道路的历史定位和原创贡献提供了总体性依据。理解何谓中国式现代化道路离不开历史比较视野，中国式现代化道路与西方资本主义现代化道路存在本质区别。在比较视野中，中国式现代化道路是人类现代化发展进程中形成的具有中国特色的社会主义性质的新型现代化道路，这是认定中国式现代化道路独特内涵的根本依据。在现代化历史发展视野中，中国式现代化是中国共产党坚持以马克思主义为指导、领导全国各族人民在社会主义现代化建设进程中生成的新型现代化，是既不同于西方资本主义现代化，也不同于苏联经典社会主义现代化的道路。中国式现代化是中国共产党结合具体历史国情，在深化社会主义现代化建设探索进程中形成的，是具有历史和现实优势的新型现代化道路。相比较于西式现代化的资本中心主义,中国式现代化是以人民为中心、以实现共同富裕为目标的现代化,这在世界历史向度上为人类贡献了和平发展方案。相比较于苏联经典社会主义现代化,中国式现代化融合了社会主义、中华文化和现代化要素,形成了具有历史比较优势的新型现代化。相比于后发展国家的现代化,中国式现代化是独立自主形成的,是既融入世界历史进程又保持自身独立性的新型现代化,是符合中国历史国情的、对后发国家具有示范引导意义的新型现代化道路。

中国式现代化是一项系统工程,其形成发展过程突破了西方和苏联式现代化的桎梏。在中国特色社会主义建设过程中,中国式现代化实现了现实性、历史性和价值性的统一。作为人类现代化建设进程中具有原创性的新型现代化道路,中国式现代化将为人类新文明形态建设做出卓越历史贡献。因此可以发现,中国式现代化道路与世界历史、现代化有着环环相扣的关联,资本主义现代化开启了世界历史进程,世界历史影响了中国式现代化道路的形成发展。也正是上述三组范畴的内在关联和互动,使得中国式现代化道路获得了世界历史的阐释向度。借助世界历史与现代化的深刻互动关系,世界历史进一步澄清了中国式现代化形成发展的历史、理论和现实基点。就其二者互释逻辑来看,中国式现代化道路是在世界历史进程中形成发展,并深刻改变世界历史发展进程和走向的新型现代化。

二、研究动态

在人类社会发展历史进程中,现代化肇始于西方资本主义,同时与世界历史存在历史同构性。马克思在抨击资本主义世界历史内在局限性基础上,构想了未来扬弃资本主义的共产主义社会及其主导的崭新世界历史进程。就此而言,世界历史是先于中国式现代化道路的定在,即如同国内知名学者所言,中国新型现代化本身是具有世界历史意义的先行进驻。①换言之,中国式现代化道路的形成发展并不仅仅是国内政治经济文化因素推动的,其起源、形成和发展有着更为深刻的世界历史背景。资本主义为实现自身发展需要不断向外扩张形成了世界历史,在这个过程中,为资本扩张服务的枪炮殖民政策给广大发展中国家带来了深重灾难。鸦片战争是资本主义借助枪炮武力打开中国国门的殖民战争,即西方资本主义国家以殖民战争打破了中华民族的闭关锁国状态,改变了中华民族的世界历史地位。外部工业产品的输入逐渐瓦解了自给自足的封建小农经济,同时资本主义以工业产品倾销与原材料供应定义了中国在资本主义生产体系中的角色,由此中国现代化道路在历史开端处获得了与世界历史的内在关联。资本全球扩张严重损害了落后民族和国家的发展权益,原本在资本主义国家内的两大阶级对立扩展到全球,整个世界日益分化为尖锐对立的两大阶级,这为马克思批判资本和资本主义、预测未来理想社会发展提供了鲜活的论据,而且这也为中国式现代化道路注入了世界历史意义。就此而言,中国式现代化道路生发的理论、历史和现实都离不开世界历史。中国式现代化道路形成发展于世界历史又深刻影响了世界历史,构成学界研究世界历史视野下中国式现代化道路演进逻辑的前提。

(一)世界历史与中国式现代化道路研究的综述

自习近平总书记在中国共产党成立100周年大会上提出中国式现代化以来,与中国式现代化相关的研究成果呈现井喷态势,马克思主义理论、政治学、哲学、社会学、教育学等相关学科正在全方位、多层次地拓展中国式现

---

① 吴宏政:《"中国式现代化"世界历史意义的先行进驻》,《湖北社会科学》,2023年第1期。

代化道路的内涵和外延,为深化理解和推进社会主义现代化建设提供了不可或缺的理论支持。梳理学界围绕中国式现代化取得的研究成果可以发现,既有研究在以下三个方面有助于深化把握世界历史和中国式现代化道路的内在关联逻辑:一是聚焦中国式现代化道路是什么的研究,二是关注为什么提出中国式现代化道路的研究,三是围绕如何推动中国式现代化道路实践的研究。中国式现代化道路是在世界历史进程中生成并对世界历史产生影响的新型现代化道路,学界从上述三个层面阐释中国式现代化道路的既有研究,必然蕴含了对其世界历史的理论和现实观照,由此构成了深化世界历史与中国式现代化关联逻辑的研究基础。

1.中国式现代化道路是什么的研究

中国式现代化道路的起源和内涵展示了何谓中国式现代化道路,构成了研究世界历史视野下中国式现代化道路演进逻辑的前提和基础。中国式现代化道路的形成发展有着深刻的历史背景、理论基础和时代语境,因此界定中国式现代化道路的起源和内涵必然离不开世界历史视角。

第一,学界围绕中国式现代化道路起源研究主要涉及理论和实践两个层面的因素。起源是理解事物具体释义的逻辑基础,从理论和实践层面切入起源研究,有助于提炼中国式现代化道路的内涵。在理论维度上,马克思主义经典作家的现代化理论,是中国式现代化道路起源发展的缘由和基础。[1]通过对资本主义现代化种种弊病的揭示,马克思在理论层面判定资本主义现代化困境的无解及未来共产主义现代化诞生的必然,这在理论层面指出了中国式现代化道路形成发展的现实基础和历史必然性。[2]在实践维

---

[1]　胡洪彬:《中国式现代化新道路:生发逻辑、内在机理与成功密码》,《学术界》,2021年第10期。

[2]　王岩、高惠珠:《论马克思对资本主义现代性批判和中国式现代化新道路开创》,《山东社会科学》,2021年第9期。

度上,中国共产党通过革命、建设、改革和新时代四个历史时期的探索,是中国式现代化道路起源发展需要深度关注的历史基础。[1]中国共产党历届领导围绕社会主义现代化建设,接续推动了中国式现代化道路的形成发展。如毛泽东提出工业现代化、邓小平提出中国特色的现代化等在实践层面有力推动了中国式现代化道路的形成发展。[2]除了上述学界中国式现代化道路研究涉及的因素外,还需要认识到中国式现代化道路形成发展亦具有经济、政治、文化、社会等方面理论和实践的影响。就中国式现代化道路起源研究的理论和实践维度来看,现有研究缺少世界历史致思。透过现象看深层本质,可以更为深刻理解中国式现代化彰显的世界历史意蕴。

第二,学界围绕中国式现代化道路内涵的研究,主要有范畴说、国内说和国际说。内涵是把握事物总体风貌的理论基础,从理论范畴方面来看,中国式现代化道路具有明显的系统性、整体性特征,是富有鲜明哲学辩证意蕴的现代化道路[3],是对中国道路、中国模式和中国经验的总体性升华。[4]从国内实践维度来看,中国式现代化道路是具有民族复兴目标指向,以新发展理念为原则、发展布局和步骤安排的,是五个文明共同发展的,人口规模巨大、全体人民共同富裕、物质文明与精神文明相协调、人与自然和谐共生以及走和平发展的现代化道路。在国际向度来看,中国式现代化道路是以人类命运共同体为目标向度,以共同价值为纽带,以和平发展为原则,以新型国际

---

① 燕连福:《中国式现代化的历史演进、内涵扩展和未来指向》,《西北师大学报》(社会科学版),2022年第3期。

② 李涛:《中国式现代化新道路的生发逻辑、实践特征及成功经验》,《湖北大学学报》(社会科学版),2022年第4期。

③ 臧峰宇:《中国式现代化新道路的哲学内涵》,《中国人民大学学报》,2021年第4期。

④ 王维平、薛俊文:《中国式现代化新道路的"总体性"阐释》,《北京行政学院学报》,2022年第1期。

关系为路径的现代化。①中国式现代化道路在理论、历史和现实层面都具有明晰的指向,马克思主义理论、中国共产党的探索以及社会主义现代化的成就有力彰显和廓清了中国式现代化的内涵,为进一步深化研究世界历史视野下的中国式现代化道路演进奠定了基础。

2.为什么要提出中国式现代化道路的研究

中国式现代化道路的历史和理论构成阐释世界历史与中国式现代化道路演进逻辑的深层机理。中国式现代化道路之所以在人类现代化进程中占有特殊地位,是因为其是形成于世界历史且深刻影响世界历史的新型现代化道路。学界主要从历史和理论两个层面,阐述了中国式现代化道路呈现的价值意蕴,这为进一步澄清为什么研究世界历史视野下的中国式现代化道路提供了解释。

第一,从历史起源和发展角度切入,解释为什么要深化研究中国式现代化道路。世界历史是中国式现代化道路形成发展的宏大历史背景,近代以来,中华民族被动卷入世界历史进程及在此基础上的落后挨打局面,是从人类历史发展层面解释了其形成发展的外部原因。②中国式现代化道路形成发展于革命、建设和改革,未来还将在新时代实现历史跃升,同时中国共产党探索社会主义建设的丰富实践底蕴支撑起了其形成发展的基础。③社会主义现代化建设取得的辉煌成就,凸显了中国式现代化道路内含的改革、发展、创新和法治逻辑,为拓展其世界历史意义提供了现实依据。④

第二,从理论渊源方面切入,解释为什么要深化研究中国式现代化道

① 吴志成:《中国式现代化的世界内涵》,《国际问题研究》,2022年第3期。

② 吴晓明:《世界历史与中国式现代化》,《学习与探索》,2022年第9期。

③ 燕连福:《中国式现代化的历史演进、内涵扩展和未来指向》,《西北师大学报》(社会科学版),2022年第3期。

④ 李涛:《中国式现代化新道路的生发逻辑、实践特征及成功经验》,《湖北大学学报》(社会科学版),2022年第4期。

路。马克思批判了资本和资本主义的种种问题,为人类走向理想社会形态提供了理论依据。中国式现代化道路是中国共产党坚持以马克思主义所言明方向为目标,进一步深化探索社会主义现代化建设形成的新型现代化道路。换言之,中国式现代化道路的理论基础在马克思,借助经典作家围绕现代化形成的相关论述,可以更深刻理解为什么要深化研究中国式现代化道路的因由。[①] 马克思在关注资本主义现代化发展现实和问题基础上,建构了服务于人自由全面发展的话语体系,解释了中国式现代化道路形成发展的历史必然、发展目标和终极指向。[②] 需要关注的是,马克思世界历史思想与中国式现代化道路的关联逻辑在理论渊源层面得到了进一步确认。作为马克思研究资本主义和人类发展趋势的核心理论范式,世界历史是中国式现代化道路发展演进[③]、实现目标[④]以及彰显意义的理论基础。[⑤]

3.如何推动中国式现代化道路实践的研究

中国式现代化道路的实践路径构成了研究世界历史与中国式现代化道路演进逻辑研究的现实依据。中国式现代化道路不仅具有明晰的内涵和外延,而且需要从理论和实践层面进一步推动其发展,特别是立足社会主义现代化实践推进中国式现代化具有极为重要的价值意义。从世界历史角度出发,深化研究中国式现代化道路的发展演进逻辑,其价值旨向在更好为推动

---

① 胡洪彬:《中国式现代化新道路:生发逻辑、内在机理与成功密码》,《学术界》,2021年第10期。

② 王岩、高惠珠:《论马克思对资本主义现代性批判和中国式现代化新道路开创》,《山东社会科学》,2021年第9期。

③ 李健:《世界历史视野下中国式现代化新道路的演进逻辑》,《北京社会科学》,2022年第12期。

④ 乔玉强:中国式现代化新道路与人的现代化新发展——基于马克思世界历史理论的分析》,《社会主义研究》,2023年第1期。

⑤ 宋朝龙:《世界大变局下中国式现代化的世界历史意义》,《毛泽东邓小平理论研究》,2022年第10期。

社会主义现代化建设服务。中国式现代化道路的价值为推动中国式现代化道路实践发展提供了内在驱动,构成了从实践层面深化研究中国式现代化道路的基础。

第一,从价值层面肯定中国式现代化道路,全面推动中国式现代化道路实践发展的研究。现有研究主要从共同富裕、人类文明新形态、民族复兴、世界意义等角度肯定中国式现代化道路的价值意义。要充分肯定作为推进中华民族伟大复兴依托的中国式现代化道路,必然离不开国内国际两个维度。从国内看,中国式现代化道路始终坚持人民至上价值追求,不断向共同富裕目标推进,彰显了社会主义现代化的本质特色和要求[1];同时中国式现代化道路充分激发了现代化的主体性,形成了迥异于资本主义的新现代性[2],在上述国内价值层面基础上,中国式现代化道路进一步拓展了科学社会主义的实践场域[3],续写了科学社会主义在21世纪的新篇章。从国际上看,中国式现代化道路在世界层面的价值主要体现为深刻影响世界发展格局。不同于西方现代化,中国式现代化道路是立足具体历史国情[4],在扬弃资本的历史实践探索中[5],是拥有共富、人与自然和谐共生、精神和物质协调、和平发展

---

[1]　任瑞姣、熊晓琳:《中国式现代化新道路的理论逻辑和价值选择》,《理论视野》,2022年第4期。

[2]　王增智:《中国式现代化的世界历史意蕴及其意义》,《福建师范大学学报》(哲学社会科学版),2022年第3期。

[3]　黄建军:《唯物史观视野下中国式现代化的历史坐标与世界意义》,《马克思主义研究》,2022年第6期。

[4]　寇美琪、商志晓:《中国式现代化的创造性成就与创新性价值》,《东岳论丛》,2022年第4期。

[5]　胡博成、朱忆天:《"要资本,不要资本主义":中国式现代化道路的价值逻辑研究》,《社会主义研究》,2022年第3期。

向度的现代化①,这是超越资本主义并彰显其世界意义的关键所在。②

第二,从具体路径层面拓展中国式现代化道路如何落地的实践研究。中国式现代化道路是兼具宏观和抽象指向的范畴,其要落地生根必然离不开来自宏观和微观相结合的措施支持。在宏观层面,中国式现代化道路实践离不开政治制度保障、发展动力来源、发展道路选择、战略方法策略以及目标追求方面的支持③,同时还要坚持"五位一体"总体布局进一步推进中国式现代化道路发展实践。④在微观层面,中国式现代化道路的发展需要与具体实践形态结合,形成更为具体、更为直观的实践方略,如中国式教育现代化、中国式法学现代化等。

(二)世界历史与中国式现代化道路研究的述评

综合上述学界研究热点来看,中国式现代化已成为国内学界研究的前沿话题,越来越多的学者和学科从抽象到具体、从国内到国际逐步深化了中国式现代化道路的起源、内涵、价值和实践路径研究,初步阐释清楚了中国式现代化道路和世界历史的深层关联逻辑,为世界历史视域下中国式现代化道路研究提供了内容丰富、视角宽广的前期研究基础。就现有研究成果来看,世界历史视野下中国式现代化道路研究有以下两个方面需要持续关注:

---

① 唐良虎、吴满意:《中国式现代化:内在意蕴、结构与世界意义》,《天府新论》,2022年第2期。

② 胡博成、朱忆天:《超越资本主义文明"幻象":中国式现代化道路的根本指向和价值旨归》,《经济学家》,2022年第8期。

③ 仰义方、武亿:《中国式现代化的演进逻辑、鲜明特征与实践路径》,《世界社会主义研究》,2022年第6期。

④ 黄宝成、周育国:《中国式现代化的内涵特质、原则遵循、实践方略》,《经济问题》,2022年第2期。

第一，学界围绕中国式现代化是世界历史进程中的现代化已达成研究共识。无论是从何种角度阐释中国式现代化道路，都离不开对中国式现代化道路的世界历史向度关注。社会主义现代化诞生和建设离不开世界历史，中国式现代化是世界历史进程中的现代化，是学界已有研究成果的共识。现有中国式现代化研究主要聚焦在整体性层面，无论是界定内涵、梳理历史还是关注实践都离不开来自世界历史的坐标参考，目前部分研究成果已在理论起源方面直接关注到了世界历史思想与中国式现代化的互动逻辑，形成了具有影响力的研究成果，如吴晓明的《世界历史与中国式现代化》、王公龙和付星博的《世界历史视野下的中国式现代化道路》等。就发展起源和现实分析来看，把握中国式现代化道路的形成发展离不开世界历史，分析中国式现代化道路的影响更离不开世界历史坐标。就研究共识来看，中国式现代化道路不仅是具有中国特色的现代化，而且是人类历史发展进程中的新型现代化道路。随着社会主义现代化的推进，中国式现代化道路将在世界历史进程中发挥更深远的作用，将为后发国家、为人类社会现代化建设提供中国智慧和中国方案，为此必须进一步深化世界历史与中国式现代化道路演进之间的关系，澄清中国式现代化研究的世界历史理论基础。

第二，学界依然需要深化世界历史视野下中国式现代化道路发展历程及其内在逻辑研究。以世界历史为视角，进一步发掘中国式现代化道路的理论渊源、发展进程，特别是在二者互动逻辑中进一步升华中国式现代化道路的世界历史意蕴，成为学界需要持续深化拓展的研究议题。现有研究成果初步触及了世界历史与中国式现代化道路的关联逻辑，而如何从世界历史理论出发进一步阐释中国式现代化道路演进逻辑，成为学界需要进一步深化拓展的重点研究内容。认识和把握中国式现代化道路发展演化需要以大历史观为指导，如何解释中华民族从近代被动卷入世界历史到顺应世界历史到走向世界历史再到影响世界历史的内在学理逻辑，是学界需要进一步深化研究的重大理论和现实问题。以世界历史与中国式现代化道路演进发展为基础,进一步解释中国式现代化道路形成发展过程中不同历史时期的统一逻辑,是本研究的出发点和创新点。为此本研究以演进逻辑为切入点,试图在全面揭示世界历史与中国式现代化道路的互动关系基础上,为深化认识中国式现代化道路提供新的理论思考视角和实践推进向度。

第三节　研究思路及方法

一、研究思路

中国式现代化道路的形成发展过程与世界历史有着紧密关联,同时其世界影响和原创贡献亦体现在影响世界历史进程中,这既是本研究需要深化拓展的理论和现实基点,也是本研究的重点和难点。世界历史和中国式现代化道路之间呈现的互释逻辑,进一步指认了本研究的核心内容和研究思路。从研究主题的整体性视域出发,可以进一步把握本研究的总体思路,马克思世界历史思想是指导世界历史与中国式现代化道路演进逻辑研究的理论基础;中国式现代化道路演进的不同历史阶段,是提炼世界历史与中国式现代化演进逻辑的具体历史和实践基础。

(一)研究内容

自鸦片战争被动卷入世界历史进程以来,中华民族围绕如何实现独立富强进行了艰辛探索。事实确是如此,地主阶级、农民阶级、资产阶级的抗争无效,直到中国共产党成立,中国革命才出现全新面貌。经过新民主主义革命时期、社会主义革命和建设时期、改革开放和社会主义现代化建设新时期,以及中国特色社会主义新时代四个历史时期的接续式探索,中国式现代化道路在与世界历史互动中持续彰显了其影响力。从被动卷入到引领世界历史、改变世界历史格局,世界历史是中国式现代化道路叙事不可或缺的视角,而其演进逻辑是本研究拟提炼和解决的核心问题。

1.卷入世界历史:中国式现代化道路的历史因由

近代以来中华民族被资本主义"枪炮"殖民裹挟进世界历史进程,意味着中华民族不再是民族历史发展向度上的独立主体,中国式现代化道路初步获得了形成发展的历史因由:第一,从农业社会到工业社会是人类社会发展规律,先发展的资本主义工业化在世界范围内确立了从属关系,这是近代中国被动卷入世界历史的外部因素。第二,中华民族追求独立富强的现代化探索缺少政治领导核心,统治阶级沦为半殖民地半封建社会的帮凶,在政治方面失去了独立自主性。政治领导核心缺失是中华民族被动卷入世界历史且难以自我救赎的重要政治因素。第三,全国一盘散沙难以汇集实现现代化的主体力量,四分五裂的国内政局,加之地主、农民、民族资产阶级等在现代化建设进程中难以规避自身缺陷,近代中国现代化面临难以汇集最广大人民群众磅礴力量的尖锐矛盾。

2.顺应世界历史:中国式现代化道路的历史主动

资本主义主导世界历史进程的内在缺陷,是中国式现代化得以形成发展的深层机理。中国共产党领导全国各族人民顺应世界历史发展潮流、走社会主义道路,全面彰显和践行了历史主动精神。第一,走向社会主义现代化是世界历史的内在规定和必然趋势,中国共产党顺应世界历史走向未来理想社会的规律,践行了为无产阶级和人类解放的价值追求。第二,世界历史发展新形势助推了中国式现代化道路的形成,20世纪上半叶中国同时受制于本国封建主义、官僚资本主义和垄断资本主义,内外矛盾的激烈碰撞驱动中国共产党开启了社会主义现代化探索。第三,社会主义在中国社会政治思潮论争中更具有现实优势,与国民党官僚资本主义、依附于帝国主义等违背人民利益的政治道路相比,社会主义现代化成为政治思潮论争中具有现实竞争优势的选择。

3.走向世界历史:中国式现代化道路的历史探索

社会主义是以扬弃资本主义为现实基础的社会形态,因此社会主义现代化离不开与资本主义的互动交流,革命、建设和改革共同为中国式现代化道路走向世界历史提供了保障条件。第一,新民主主义革命为走向世界历史奠定了独立自主的政治前提。没有民族独立就难以在世界历史中获得政治保障,就难以摆脱帝国主义的统摄,更难自主走向社会主义现代化。第二,社会主义革命和建设为走向世界历史提供了制度和物质保障。社会主义革命确立了社会主义制度,社会主义建设时期建成的工业体系和国防体系,是走向世界历史的制度和物质基础保障。第三,改革开放和全面深化对外开放为走向世界历史提供了现实支撑。主动融入全球市场资源配置,同时持续完善社会主义市场经济体制,为走向世界历史提供了现实层面的经济制度支撑。

4.引领世界历史:中国式现代化道路的历史贡献

中国式现代化道路打破了资本主义现代化的"唯一神话"模式,为人类贡献了深刻影响世界历史走向的新型现代化道路。第一,指明了人类走向新的世界历史的前进方向。中国式现代化彻底终结了西方中心主义和资本主义现代化的至上格局,为后发国家走向现代化提供了全新道路选择。第二,改变了资强社弱世界历史发展的总体格局。苏东剧变以后世界社会主义运动一度处于低潮状态,中国式现代化道路使得世界历史格局总体向着有利于马克思主义、有利于社会主义的方向转变。第三,形塑了共商共建共享的和平发展价值理想,"两个结合"全面激活了马克思主义和中华优秀传统文化的和平发展基因,由此中国式现代化为世界历史注入了和平发展的价值理想追求。

(二)研究思路

世界历史与人类现代化起源发展存在紧密逻辑关联。在发展起源层面,世界历史与资本主义现代化在历史周期上存在同构性特征。从世界历史出发追问资本主义现代化发展脉络,科学阐释资本主义现代化及其世界历史的内在症候,为中国式现代化道路形成发展提供理论和实践支撑,是本研究的核心思路,即世界历史为研究中国式现代化道路演进逻辑提供了具有深度阐释意义的框架。

第一,对世界历史开启人类现代化的深层追问:走向现代化是人类社会历史发展的内在规定。尽管资本主义现代化与世界历史存在历史发展同构性,但资本主义现代化存在不可调和的内在矛盾,人类终将走向扬弃资本主义现代化的理想社会形态,世界历史亦会因此走向社会主义性质的世界历史阶段。社会主义现代化建设起始于资本主义主导的世界历史进程,同时将深刻改变人类现代化和世界历史走向。

第二,对中国式现代化道路世界历史境遇的省思:世界历史是中国式现代化道路发展初始发展、深化升华的总体境遇,是中国式现代化道路形成发展的理论依据、历史基点和现实场域。中国式现代化道路不仅是具有社会主义性质和中国特色的现代化,而且是世界历史视野中对人类现代化建设、创造人类文明新形态具有深远影响的现代化。借助世界历史场域,中国式现代化的文明意蕴和价值逻辑得到了全面系统的彰显。

第三,解码世界历史视野下中国式现代化的问题域:如何理解近代以来中华民族选择走向社会主义道路的历史必然性,如何理解革命、建设和改革在社会主义现代化建设进程中的内在统一逻辑,如何理解世界历史对中国式现代化道路形成发展的影响机制,构成以世界历史深化研究中国式现代化的问题域。社会主义现代化既有人类现代化的一般特征,也有中国特色的内在规定性,特别是中国式现代化道路历史阶段的内在统一性,需要借助世界历史来阐释。

第四,确立世界历史视野下中国式现代化的目标域:中国式现代化道路既没有依附资本主义,也没有脱离世界历史的时空场域,而是沿着马克思世界历史思想指明的方向,在与资本主义深化互动交流借鉴中,着力解决东方落后国家现代化建设的新型道路。世界历史是阐释中国式现代化道路的历史场域和历史契机,从发展方向、价值追求、发展动力等多个层面阐释中国式现代化的世界意义,是世界历史视野下中国式现代化道路研究确立的目标域。

二、研究方法

本研究在辩证唯物主义和历史唯物主义方法论指导下综合运用文献研究法(对马克思相关著作所涉及"世界历史"思想的挖掘、梳理和系统分析总结)、比较研究法(既有对不同学者有关资本主义、苏联社会主义现代化的横向比较,也有对不同时期中国式现代化呈现差异的纵向比较)并结合系统分析法来开展研究,力求做到宏观研究与中观研究相结合,理论研究与经验总结相结合。

(一)文献研究法

通过查阅学界关于世界历史与中国式现代化研究的前沿文献,了解国内学界围绕世界历史与中国式现代化取得的最新研究动态及成果,在此基础上进一步分析提炼研究思路。同时对世界历史与中国式现代化的文献资料进行系统分析梳理,深刻把握不同历史发展阶段中国式现代化发展演进历程并提炼出其内在逻辑。第一，马克思的世界历史思想是本研究的重要理论文献基础。马克思的世界历史思想是解释资本主义生产方式全球扩张和后发国家现代化的理论基石，是深刻理解和解释中华民族近代以来历史命运的理论基础。目前国内学界对马克思世界历史研究的深度需要强化，已有研究成果并未系统梳理作为世界历史思想发展源头的世界历史观念，特别是作为深刻影响马克思世界历史思想的黑格尔世界历史理论研究并不系统。这是世界历史与中国式现代化研究过程中必须借助学界已有成果澄清的问题。第二，中国式现代化研究是本研究的重要文献来源。与世界历史思想的理论性相比，中国式现代化研究明显更具有现实指向性，借助文献法把握好中国式现代化研究现有文献结构和内容，可为深化本研究提供文献基础。

（二）比较研究法

比较研究法是贯穿本研究全过程的方法，中国式现代化道路作为后发展具有社会主义定向的新型现代化，分析其形成发展过程不仅离不开对资本主义现代化和社会主义现代化的比较，而且离不开对中华民族探索现代化建设的历史比较。通过比较研究法，在横向上对人类现代化建设的不同类型进行比较，既理解作为对立面的资本主义现代化，也明晰经典社会主义的苏联现代化。在此基础上，可以进一步凸显中国式现代化道路的世界历史价值意蕴。在纵向上对中国式现代化道路形成发展的不同历史时期进行比较，把握革命、建设和改革之间的内在统一逻辑，以此可以深刻把握世界历史视野下中国式现代化道路何以能够演进升华的历史逻辑。

（三）系统分析法

马克思世界历史思想是一个具有整体性指向的理论体系，中国式现代化道路是一个涉及经济、政治、文化等方面的系统范畴,上述两个层面都决定本研究离不开系统分析法。世界历史是一个承载多方面内容的复合性范畴,厘清世界历史的形成发展离不开系统分析法。同时借助马克思世界历史思想分析中国式现代化道路演进逻辑,需要以系统方法把握中国社会的方方面面。此外,把握中国与世界作为相互联系的部分和整体,特别是中国式现代化道路与世界历史的互动逻辑,必然离不开系统分析法贯穿始终。

第一章

世界历史:研究中国式现代化
道路的意义框架 ▸▸▸

　　尽管马克思并未直接论述过世界历史概念,但他从客体、主体和关系维度进一步解释了人类从孤立发展走向世界的历史必然趋势。借助世界历史范畴,马克思阐明了资本主义现代化与世界历史形成发展的关系,为阐释中国式现代化道路演进逻辑提供了宏大的世界历史场域和科学的指导理论。借助客体、主体和关系,我们不仅获得了把握马克思世界历史思想内涵的三重维度,而且获得了研究中国式现代化道路的理论基础。从民族历史到世界历史的转向表明了世界历史的客体维度,世界历史具有了作为对照面的民族历史参考。从史前历史到人类历史的转向表明了世界历史的主体维度,世界历史具有了作为关注人类发展的史前历史参考。从世界历史到全球化进程的转向表明了世界历史的关系维度,世界历史具有了作为全球交往关系的历史参考价值。

　　世界历史与资本主义现代化的发展是解释人类现代化发展起源的总体依据,研究中国式现代化必然离不开对世界历史和资本主义现代化的关注,必然离不开对世界历史与中国式现代化道路互动逻辑的聚焦。世界历史的发展起源与资本主义大工业生产方式存在紧密关联逻辑,也正是由于这层逻辑,世界历史进程不可避免地呈现出了内在矛盾。换言之,资本主义现代化与世界历史发展的历史同构是导致世界历史发展进程呈现种种矛盾的历史依据,也是导致误解人类现代化只有资本主义现代化一种模式的历史根源。就世界历史与中国现代化的互动来看,资本主义在跨越民族主权国家地域边界获取原材料和拓展市场进程中,将包括中国在内的广大发展中国家纳入了全球资本主义生产体系,这是近代中国被动卷入世界历史进程并探索现代化建设的外部动因。值得关注的是,中华民族被动卷入世界历史进程并未沦为资本主义生产体系的附庸,反而以独立自主姿态形成了中国式现代化道路,这正是本研究的价值意蕴所在。中国共产党真正改变了近代中国面貌,领导和团结全国各族人民经过新民主主义革命和社会主义革命的接续探索,成功走出了社会主义现代化道路,并以中国式现代化深刻改变和重塑了世界历史进程。综上,资本主义现代化与世界历史同构,世界历史与中国式现代化的双向互动及中国式现代化道路深刻影响世界历史,构成了以世界历史阐释中国式现代化道路的意义架构。

第一节　历史同构:西式现代化与世界历史的发展逻辑

资本主义现代化作为人类现代化发展历史进程中的"先行者",为广大后发展中国家树立了探索现代化建设的典范。尽管资本主义现代化以丰盈的物质财富、先进的生产力外观掩盖了其生产方式的内在矛盾,向世界展现了资本主义现代化的"至尊"神话模式,但这并不能遮掩其形成发展过程对广大发展中国家带来的剧烈冲击及对世界历史带来的负面影响,如历史上血腥的殖民战争及21世纪局部热战和无硝烟的金融战等都是资本主义世界历史的产物。资本主义确实在实现现代化、创造资本主义文明的历史进程中创造了世界历史,此即资本主义主导世界历史发展进程的社会存在基础,同时也正是由于资本主义现代化与世界历史的历史同构,为掩盖资本主义生产方式内在矛盾提供了助攻。为深刻揭示资本主义现代化的"虚幻性",马克思从历史唯物主义出发,撩开资本主义现代化的重重迷雾,以科学理论揭示了资本主义生产方式的种种弊病,预测了人类终将走向扬弃资本主义的理想社会形态及以此为基础的新型世界历史。通过梳理资本主义现代化与世界历史发展进程并揭示二者的历史同构性,对深化认识中国式现代化道路形成发展的世界历史大势和世界历史意义具有重要理论价值。借助世界历史的形成背景和形成标志,可以更深刻地理解资本主义与世界历史的历史同构性。

一、资本主义主导世界历史形成的背景

任何事物的形成发展都离不开它所处的那个时代,从民族历史、史前历史走向世界历史进程是人类社会物质生产的内在必然,也是人类社会历史发展的内在规定。大工业生产方式、地理大发现、世界范围内的贸易发展以及现代民族主权国家的出现,为人类历史迈向世界历史阶段提供了前提和发展条件。大工业生产方式为世界历史形成发展提供了重要物质基础,社会化大生产使得资本主义国内难以化解资本主义生产方式的内在矛盾,一国内部市场有限性与资本增殖无限性之间的悖反性矛盾,内在驱动了资本跨越主权国家地理边界,并开拓全球市场。在这一历史现实背景下,地理大发现获得了与资本增殖逻辑的深层勾连,地理大发现开启的新航路和殖民地有效促进了世界范围内的贸易交往。资本主义国家由此获得了广阔的市场和廉价的原材料,广大发展中国家由此成为资本主义生产原材料供应地和商品倾销地。就世界范围来看,民族国家摆脱了孤立发展状态,生产方式

相对落后的国家和地区在承受残酷的殖民掠夺的同时,获得了更为先进的生产方式,融入了代表人类社会发展趋势的世界历史发展潮流。

(一)大工业生产方式:世界历史形成发展的物质基础

自18世纪60年代英国工业革命以来,人类经济社会发展样态发生了翻天覆地的变化,科学技术和交通技术的广泛应用深刻改变了人类生活生产面貌,并以此推动了人类社会历史向世界历史的转向。在工业革命之前,世界各民族都以农耕生产为主要生产方式,生产的主要目的在实现自给自足,社会发展和变革速度滞缓。自然经济生产形态对土地具有极高的依赖程度,世界各民族主要以自然地域为单位独立从事农业生产活动,这也就是说,此时世界缺少形成相互联系整体的物质基础。进入工业社会以来,社会化大生产将分工拓展到世界的角角落落,并由此形成了整体性的世界历史。

第一,大工业生产方式打破地域阻隔,将生产方式拓展到世界各地。传统社会分工主要建立在自然分工基础上,并体现在家庭内部分工方面。大工业生产方式以流水线生产作业方式组织劳动者,劳动者被细化为从事具体生产环节的主体,由此彻底打破了地域和血缘对劳动者的桎梏。显而易见的是,劳动者从事的具体劳动环节越具体,生产的社会化程度就越高,同时其他劳动者可以随时参与到生产过程中,生产部门获得了维持自身良性运转的社会支持。在这个基础上,资本主义扩张使得生产过程实现了向世界各地转移,"英国加工的是羊毛,德国加工的是麻,法国加工的是丝和麻,东印度和黎凡特加工的则是棉花等等"[①]。即工业化生产方式将原本在国内的分工扩展到了世界各地,各国之间因工业生产分工建立起了紧密联系,世界范围内的社会化分工生产全面推动了人类从孤立民族向世界历史的

---

① 《马克思恩格斯文集》(第一卷),人民出版社,2009年,第627页。

转向。

第二,大工业生产方式与科学技术之间存在紧密关联逻辑,二者共同推动和强化了世界总体性联系。前现代社会生产力发展水平有限,人们主要依靠简单的生产工具获得自然力量辅助生产。而进入工业社会以来,人们利用科学技术改造自然的能力明显提升,新型通信技术、交通工具为工业生产和分工跨越国界提供了极大便利。马克思看到了科学技术对工业大生产方式带来的正向影响,充分肯定了新兴科学技术在世界历史发展方面的积极作用。科技与社会化大生产相结合会产生巨大的生产力,这是人类历史获得世界转向的物质基础。从蒸汽到电力的变革,大工业生产方式和科学技术紧密结合引发的效应,生动地体现在机器大生产升级演化方面,持续升级的机器大生产为劳动和分工摆脱地域民族框定,提供了强大的内生动力支持,助推了全球范围内的分工兴起。

第三,与大工业生产方式相伴的殖民运动兴起。殖民运动与资本主义全球扩张紧密相连,加速了世界历史的形成发展。殖民运动兴起的重要社会根源在于工业化生产方式需要打破国内有限市场的限制,进入全球范围内寻求原材料和市场空间,需要超经济手段的支持。为打破生产力相对落后的民族主权国家对资本主义拓展市场空间的限制,以"枪炮"强行打开落后民族国家的殖民运动就出现了。早期殖民运动为资本主义原始积累做出了重要贡献。随着殖民运动的深入开展,资本主义建立了以资本增殖为中心的全球分工体系,世界各国之间形成了更为密切更为深入的联系,当时最能体现这种深刻联系的是美洲棉花、矿产与欧洲之间的经贸往来。资本主义通过殖民主义彻底打破了亚非拉国家田园般的生活场景,将工业生产方式复制到了全球各地,相对落后的民族国家被动参与资本主义世界分工体系,世界各民族日益形成整体,人类获得了世界范围内历史的时间计量方式,这就是资本主义开辟和主导的世界历史进程。

（二）新航路和殖民地：世界历史形成发展的市场基础

新航路的开辟对世界历史形成发展具有重要战略意义，大工业生产方式要获得世界市场必然需要航海技术的支持，以持续开辟新的市场空间。就世界历史形成发展的影响因素来看，新航路的开辟本身就是具有世界历史影响意义的大事件，新航路为世界历史形成提供了畅通渠道，特别是为欧洲、非洲、美洲之间的交往提供了极为重要的交通便利。也正是在新航路开辟以后，资本主义开始从美洲获得原材料、从非洲获得黑奴。罪恶的"三角贸易"将非洲、美洲等地区以殖民地形式，纳入了资本主义分工体系。罪恶的黑奴贸易促进了欧洲对美洲和非洲的关注，从美洲掠夺的大量金银既加速了资本主义工商业的发展，也加快了资本主义对世界市场的开拓速度。借助自美洲掠夺的贵重金银，资本主义进一步开拓了印度、中国等国家的原材料市场。从这个角度来说，地理大发现为资产阶级兴起奠定了必要社会基础，为世界历史的形成发展奠定了必要条件。

第一，新航路开辟与地理大发现为世界历史形成开拓了潜在市场空间。在新航路开辟前，欧洲各国贸易主要局限在本国范围，最多拓展到了西欧部分国家及亚洲和非洲部分地区，总体上各国之间的经贸呈现出小规模、低频次的特征。新航路开辟与地理大发现标志着资本主义贸易发展到了全新历史阶段，来自世界各地的广袤市场空间和丰富廉价的原材料，为资本主义获取丰厚利润提供了充分条件。地理大发现与新航路为英国成为日不落帝国准备了交通和市场条件，为西欧资本主义快速崛起提供了广袤的社会和市场空间基础。需要指出的是，新航路和地理大发现离不开科学技术，指南针、内燃机等为轮船远航提供了方向和动力，同时启蒙运动等为地理大发现提供了思想基础。

第二，殖民地与世界历史形成的世界市场基础。资本主义国内市场空间有限,资本要获得最大程度的市场空间支持,必然需要跨越国家拓展潜在市场空间。问题在以自给自足为主要特征的农耕生产方式,除了需要食盐等自己无法生产的食品,基本不需要来自外部的商品。就此而言,大工业产品不可能通过正常市场商贸行为进入广大以农耕生产方式为主的国家和地区。当时的现实说明,资本主义不能通过正常商贸形式拓展全球市场,而资产阶级拓展全球市场的愿望是极其强烈的,为此借助相对领先的军事手段开拓全球市场成为必然的选择。在坚船利炮的掩护下,资本主义成功打开了广大落后国家和地区的市场,亚非拉地区国家成为资本主义生产体系中的原材料供应地和商品倾销地,为资本主义世界历史的形成发展与繁荣贡献了源源不断的剩余劳动价值。殖民主义兴起与殖民地的扩展为资本主义全球扩张提供了广袤的现实市场,充分发掘了潜在市场空间,由此世界各国获得了进一步强化联系,这为世界历史的形成发展提供了世界市场基础。

(三)世界范围的贸易:世界历史形成发展的交往基础

如同上文所述,在民族历史转向世界历史的发展进程中,世界贸易发挥了极为重要的作用。在马克思的研究计划中,国际贸易是非常重要的内容。遗憾的是因各种原因,马克思并未对国际贸易形成体系化专门化研究,但这不妨碍我们理解世界范围内的贸易在世界历史形成发展中的作用。这里需要进一步指明的是,马克思论述的世界贸易范畴与前资本主义时代的世界贸易存在本质差别。在以农耕为主要生产方式的封建社会,比较强大的封建国家亦曾开辟了较大世界范围内的贸易,如强盛的明朝曾建立起了与诸多地区和国家的贸易关系,横跨亚欧大陆的丝绸之路就是封建社会强盛时期开辟的较大世界范围内的贸易。就此来说,世界贸易并不是资本主义特有的现象。那么为什么在封建社会曾出现的世界贸易没能开启世界历史发展进程呢? 深层根源在封建社会生产力发展水平有限,主要剩余劳动价值只能用以维持社会简单再生产,很难将多余的剩余劳动价值用以开展更大范围更长持续时间的国际贸易。自给自足的封建社会生产力难以维持形成维系世界范围内贸易的物质基础,其强盛时期建立世界范围内的贸易,只具有世界贸易的形式,并不具有世界贸易的实质,如郑和下西洋更多的是为了彰显明朝政府强大的赠送和赏赐,其核心在于维系中央集权的朝贡体系。就此可以深刻把握封建社会和资本主义社会世界贸易的本质差别,生产力发展水平的差异导致其能够对世界历史形成发展产生的影响不同。资本主义社会之所以能被冠之以现代社会,之所以能被视为人类现代化典范,原因在于其生产力发达能够创造出巨大的社会财富,同时这也是彻底改变封建社会地域性、民族性世界贸易的物质基础。

在马克思论述中的交往既有民族性、地域性的交往,也有跨越国界的普遍性交往,而只有在普遍性交往基础上世界历史才能获得真正内涵。即马克思所指的世界历史是建立在世界普遍交往基础上的,推动世界历史转向的根本原因在于资本主义大生产。资本主义工业大生产方式得以确立发展的基础在充足的自由劳动力和充裕的资本积累,同时这也是资本能够获得剩余劳动价值的基础。资本主义为转移资本对剩余劳动价值增殖的无穷尽追求与社会化大生产之间存在无法调和的矛盾,必然会形成跨越国家边界的贸易交往需要。实际现实更为残酷,资本主义国家为转移国内无法化解的矛盾,通过殖民掠夺获得了来自世界各地的原材料和广阔市场,黑奴贸易、鸦片贸易等为资本增殖积累了丰厚的原始资本。总之,通过世界贸易获取资本增殖需要的剩余劳动价值,是资本主义生产方式的内在规定。资本主义在世界各地建立殖民地的目的是建立世界范围内的贸易体系、维系资本获利需要,以此世界范围内的交往得以确立。马克思世界历史思想就是建立在普遍性交往基础上的理论,"交往的任何扩大都会消灭地域性的共产主义"①,世界范围内的贸易助推了世界性交往的实现,加速了世界历史的形成发展。

二、资本主义主导世界历史形成的标志

资本主义得以形成发展的基础在现代民族国家的国内市场空间,为维护资产阶级利益建立资产阶级政权成为资本全球扩张隐含的先期规定。现代民族国家是打破传统民族国家孤立发展、维系资本主义生产方式的重要组织形式,是世界历史形成发展的核心要件。在马克思的理论中,世界历史可以分成资本主义和共产主义两个历史时期,二者在时序和内容方面具有承继关系。一般意义上所讲的世界历史主要是指资本主义主导的世界历史,也是狭义上使用的世界历史范畴。考察资本主义主导世界历史必然离不开对形成背景、形成过程和形成标志的把握,就其形成的具体标识来看,资本主义生产方式、世界市场和两大阶级的尖锐化对立在全球范围内的形成与扩张是其形成的标志。必须指出的是,资本主义主导世界历史形成之前还有一个极为重要的现代民族国家需要关注。

(一)资本主义生产方式的全球化实现

资本主义主导的世界历史形成过程就是资本主义生产方式全球复制和拓展的过程。工业大生产方式从资本主义国内扩展到全球各地的过程,实际是从物质生产层面为世界历史形成发展注入了强劲动力。在资本无剩余不追逐的内在秉性驱动下,资本主义打破了地域边界限制,从一国内部走向了世界各地,全面推动了人类历史从民族向世界的转向。资本主义之所以

---

① 《马克思恩格斯文集》(第一卷),人民出版社,2009年,第538页。

能够主导世界历史进程,是因为资本主义生产方式的全球化扩张。从欧洲拓展到世界各地,资本主义获得了主导世界历史发展进程和话语体系的现实物质基础。科技革命和工业革命的爆发为世界历史形成发展储备了物质条件,文艺复兴思想解放运动为世界历史形成发展提供了思想条件,科学技术在工业领域的快速应用及人们思想解放共同推动了人类社会向世界历史方向的演进速度。科学技术的发展前所未有地解放了人类生产力,资本主义获得了超越传统社会的物质力量,以至于马克思惊叹地提出"资产阶级在它的不到一百年的阶级统治中所创造的生产力,比过去一切世代创造的全部生产力还要多,还要大"①。前所未有的生产力水平使得航海远行、拓展世界市场和开辟殖民地成为可能。也正是基于这一点,学者获得了界定现代社会的核心指标——生产力发展水平,人类改造自然的能力水平是衡量社会是否现代的重要标尺。显然在现代社会自然环境对人类生产生活的约束程度远低于传统社会,资本主义大工业生产方式提升了人们改造自然环境的能力,为全球化扩张提供了内生动力。

工业生产方式的生产效率空前提升,形成了对大量原材料和市场的需求。此时资本主义国家内部和欧洲市场远远满足不了资本追逐剩余劳动价值的需要,走向全球市场并将资本主义生产方式拓展到世界各地成为资本增殖的现实选择。在此过程中,资本主义给广大落后民族和国家带来了深重灾难,同时也输送了具有人类历史发展进步意义的资本主义生产方式。资本在全球范围内寻求剩余劳动价值积累的过程,将世界一切潜在的可以转化的市场空间都源源不断地纳入资本增殖轨道中,全然打碎了传统民族国家的农耕生产方式,确立了资本主义生产方式,由此世界各民族在生产和再生产领域结成了相对稳定的、相互支持的结构。在此基础上,世界各民族

---

① 《马克思恩格斯文集》(第二卷),人民出版社,2009年,第36页。

真正实现了向相互依赖相互影响的历史转向,建立在资本主义生产方式基础上的世界民族和世界历史形成了。

(二)全球性世界市场的确立

资本主义生产方式的全球化实现过程,也是全球性世界市场的形成过程,全球性世界市场确立是世界历史形成的重要标志。从字面含义来看,世界市场就是世界各国进行商品交换和贸易往来的市场空间,同时这一空间突破了民族国家边界演化成了世界范围内的贸易场所。在世界市场的形成发展过程中,商品和商品交换的相关特性淋漓尽致地表现了出来。资本组织商品生产的目的和意义在于获得价值,而非使用价值,因此只有进入市场且适应市场需求能够被交换出去的商品才算是完成"惊险一跳"的商品。为商品交换提供的空间场域就是市场,资本主义发展初期的市场主要在国内,随着大工业生产方式的快速扩张,国内市场空间饱和,同时资本主义生产方式内在矛盾带来了经济危机,转向世界各地拓展市场空间转移矛盾并获得剩余劳动价值,成为资本主义开掘世界市场的动力因素。资本与世界市场的形成发展有着深层关联逻辑,"创造世界市场的趋势已经直接包含在资本的概念本身中"[1]。全球性世界市场形成实际就是资本的全球化过程,通过流通和生产两个领域的资本全球化,全球性世界市场得以确立,世界经济以资本主义生产为轴心形成了依赖程度极高的分工体系。资本跨越国门进入世界市场最初主要在流通领域,当其进入生产领域就意味着世界形成了整体,原材料供应和商品销售进一步架构起了立体化的世界市场。

世界市场意味着资本在某国内部可以轻松获得来自世界各地的原材料,同时还可以将自己生产的商品销往世界各地。与此同时,可供消费者消

---

[1] 《马克思恩格斯文集》(第八卷),人民出版社,2009年,第88页。

费的产品实现了从国内到国际的拓展,生产的国际化助推了消费国际化的实现。与生产和消费的全球化相适应,分配和交换同样获得了来自世界市场的支持,世界范围内的市场得以确立。近代中国深刻体验了来自世界市场的双重影响:一方面,中国的棉花、茶叶等为资本主义工业发展提供了原材料;另一方面,中国承担了资本主义生产的棉布等轻工业产品市场销售任务。与资本主义交往初期主要承担商品流通相比,甲午战争后资本主义直接在中国投资设厂,中国日益演化成为世界市场的重要角色。19世纪的日不落帝国——英国建立了全球范围内的分工体系,从北美获得农副产品和原材料,从南美获得工矿产品,从亚洲棉花、茶叶等并进一步获得工业产品市场空间,以生动鲜活的案例深刻印证了世界范围内市场的确立。

全球性世界市场得以确立的重要现实基础——资本主义生产方式复制到了世界各地,不同区域和国家之间的生产合作为世界大市场奠定了必要的物质基础。此时资本主义国家内部的资本市场高度发达,世界各地的资源和产品都可以通过资本市场来配置,即资产阶级凭借金融资本创新获得了对全球市场的控制和支配。与此同时,资本主义生产体系内部的矛盾也随之转移到了世界各地,没有哪个民族国家可以独善其身,世界市场日益成为休戚相关的共同体,全球市场需要共同面对资本主义生产危机,这使得资产阶级和无产阶级的尖锐矛盾亦呈现在世界历史进程中。

(三)两大阶级矛盾的全球化呈现

历史唯物主义揭示了历史发展的主体力量和动力问题,为深化世界历史形成发展研究提供了主体力量来源视角。与资本主义生产方式全球扩张相伴的是无产阶级贫困化的全球化,资本全球扩张将原本在资本主义国家内部的矛盾,随着世界历史的形成发展拓展到了世界各地,由此带来了世界范围无产阶级和资产阶级的尖锐化对立。无产阶级与资产阶级的形成发展是相伴而生的,两大阶级共同创造了资本主义文明成果。而就世界历史形成发展来看,资产阶级是世界历史形成发展的主体,无产阶级是扬弃资本主义世界历史、进入共产主义世界历史的主体力量。资本主义推动世界历史形成发展的显著后果是两大阶级的尖锐矛盾全球化了,同时这也标志着世界历史的正式形成。

马克思和恩格斯在《共产党宣言》中阐述了资产阶级孕育于封建社会及其形成发展的过程。资产阶级诞生初期深受封建地主阶级压制,随着生产力发展,资产阶级逐渐发展成为独立的政治力量并建立了资产阶级政权,同时在这个过程中无产阶级也生成并发展壮大。资产阶级为反抗地主阶级对新生政治力量的压制,组建了资产阶级政党领导其进行抗争,最终通过资产阶级革命建立了资本主义政权。在资产阶级发展过程中无产阶级也发展壮大,为了反抗资产阶级对无产阶级剩余劳动价值的残酷压榨,无产阶级也组建了自己的政党,用以有组织地反抗资产阶级的压迫,在资本主义国家内部无产阶级和资产阶级两大阶级呈现出尖锐对立矛盾。为缓和国内矛盾、拓展市场空间,资本主义通过全球扩张拓展原材料产地和市场空间的同时,也将两大阶级矛盾复制到了全球各地。一方面,资本主义通过全球化实现了对廉价原材料的获取和广袤市场空间的拓展,资本主义国家借此获得了巨量的物质财富积累,并以此缓解了国内尖锐的阶级矛盾;另一方面,资本主义在世界范围内获得财富积累的同时,还给广大亚非拉地区国家和民族带来了深重灾难,受资本主义殖民掠夺的落后地区人民群众生活在水深火热之中。上述两方面说明资产阶级在全球获得了丰厚的物质财富积累,发展中国家为资本主义国内生产发展和人民生活水平改善做出了重要历史贡献,同时落后国家和民族深受资本主义压迫,其人民群众生活在无限接近于贫困、难以实现人口再生产的状态。就此而言,无产阶级和资产阶级两大阶级的尖锐矛盾呈现在全球化进程中,无产阶级革命形势出现了新的变化,

"全世界无产者,联合起来"日益成为现实。需要进一步澄清的是,正是两大阶级尖锐矛盾的全球化布展,为俄国十月革命和中国新民主主义革命提供了主体力量和动力来源。

资本主义在全球最大化攫取剩余劳动价值,意味着资产阶级和无产阶级之间的尖锐矛盾扩展到了世界各地,世界各国劳动人民反抗资本主义剥削、谋求民族独立发展的斗争汇成了世界社会主义运动潮流。在这个过程中,同时处于资本主义和封建主义压迫下的民族处于水深火热之中,资本主义矛盾最深刻的民族国家地区获得了率先开展社会主义革命的条件,以列宁为代表的无产阶级政党全面准确地把握了一触即发的革命形势,率先发动了具有社会主义定向的革命,有力地推动了世界无产阶级运动的蓬勃发展。

三、资本主义现代化与世界历史的同构解释

基于上述世界历史形成发展的背景和标志来看,资本主义现代化的形成发展催生了世界历史的形成发展。在历史发展方面,世界历史与资本主义存在历史发展周期的一致性。换言之,资本主义现代化发展进程与世界历史形成发展进程是一致的,二者在形成发展周期层面存在同构性特征。资本主义生产方式建构起资本主义现代化和世界历史的进程是同时进行的,资本增殖的原始积累既有来自国内市场的贡献,如"羊吃人运动",也有来自世界历史进程的积累,如残酷血腥的殖民运动。资本主义的国内市场和国外市场是协同推进共同发掘的,大工业生产方式制造了大量丰富廉价的工业产品,仅依靠国内市场难以实现资本增殖目的,为此跨越地理和主权边界进行世界市场扩展成为这一生产方式的内在必然,由此推动了世界历史进程的形成发展。资本主义生产方式在国内通过最大程度占有剩余劳动

价值快速组织了社会生产和再生产，建构起了与其生产相匹配的政治、经济、文化等文明成果，创造了资本主义现代化文明形态，这是人类现代化发展进程中具有开创意义的贡献。也正是因为资本主义生产方式在人类文明发展史进程中首创的现代化成就，导致后来学者将其现代化模式视为唯一，广大发展中国家将其现代化奉为竞相模仿的"神话"。资本主义现代文明形成发展过程与资本扩张一体，在国际层面表现为世界历史的形成发展。当时除国内市场，资本主义现代化所需物质财富还有一个非常重要的来源地，即世界市场。概言之，无剩余不追逐是资本增殖的内在秉性，资本主义绝不会满足于国内市场的有限空间，跨越国界进入全球视野配置资源、占有剩余劳动价值成为这种生产方式的内在规定。在资本东奔西走过程中，以资本增殖为核心的生产和再生产环节将全世界都纳入了资本主义生产分工体系中，超越民族孤立发展历史的世界历史进程形成。在资本增殖过程中国内市场和国际市场共同为资本主义现代化建设提供了必需资源，由此呈现出资本主义现代化与世界历史进程形成发展的历史周期重叠和同构特征。

资本主义现代化与世界历史的历史同构性，意味着资本主义生产方式的内在矛盾同时展现于国内和国际层面。就此可以深刻理解国际政治经济秩序变化的根源，即资本主义生产方式的内在矛盾，即资本对剩余劳动的无穷尽占有是导致国家间政治、经济等矛盾的根源。历史和事实证明，只要有利于资本增殖，只要能够获得维持资本主义生产方式的剩余劳动价值，资本主义就会最大可能的采取措施介入。无论是历史上的殖民主义运动，还是21世纪的地缘政治危机、贸易战等，实质都是资本主义为实现自身利益需要采取的措施，至于采用战争还是和平的手段取决于资本增殖的需要程度。基于上述，在世界百年未有之大变局中理解资本主义现代化与世界历史的同构性，可以更深刻体会我们依然处于马克思指明的年代。与马克思生活年代不同的是，我们正以马克思主义为指导不断进行扬弃资本主义现代化的实践;同时更能深刻体会中国式现代化道路对资本主义现代化纠偏的意义,其创造的新文明形态将深度改变世界历史发展进程和走向。

第二节　双向互动:世界历史与中国式现代化的深层关系

中国式现代化道路的历史开端与世界历史存在深层关联逻辑。就起源发展来看,世界历史是中国式现代化道路起源发展的现实场域和理论基础,世界历史是中国式现代化道路形成发展的现实场域,同时世界历史也构成了解释中国式现代化道路的理论基础;就二者关系来看,世界历史与中国式现代化存在互动逻辑,世界历史影响了中国式现代化道路的形成发展,同时中国式现代化改变和重塑了世界历史发展格局。马克思晚年关注到了近代中国的历史和现实境遇,形成了深刻的论述,不仅澄清了中国式现代化道路形成发展的内外因素,同时为中国式现代化的未来发展描摹了光明的发展前景。从人类社会历史发展演进规律来看,从传统到现代是任何国家和民族都需要面对的必由发展之路,人类现代社会都要直面资本逻辑主导的社会形态,即便是在迈向理想社会形态有社会主义积淀的东方社会也不例外。资本现代性是人类社会发展的强大动力,它开辟了世界历史,并让现代化成为世界各个民族普遍意义的历史命运。与主动进入资本在社会生产领域占主导地位的资本主义不同,包括中国在内的落后国家和地区是被动面对资本主义生产方式的,这实际是马克思对资本逻辑与特权逻辑相碰撞的历史必然性解释,同时也为阐释近代中国遭遇提供了宏大理论和历史背景。中国式现代化道路的生发逻辑与价值逻辑与资本主义全球扩张存在直接联系。在此语境中,中国式现代化道路是对马克思世界历史思想的深刻验证。中国式现代化与世界历史的双向互动主要体现在世界历史深刻影响了中华民族现代化的形成发展,同时中华民族的现代化进程也深刻影响了世界历史发展进程和走向。

一、世界历史进程使现代化兼具普遍性和必然性

按照马克思的理论可以深刻把握到,世界各民族都避免不了进入世界历史进程以实现现代化的命运,这是现代性与生俱来权力开辟社会发展道路的必然。既然人类进入世界历史发展进程具有普遍性和必然性,那么中华民族进入世界历史进程同样不可回避。问题不在于中华民族进入世界历史的不可回避性,而在于中华民族进入世界历史的特殊性。中华民族进入世界历史开展现代化建设的具体历史国情和社会条件存在的特殊情况,决定了中华民族现代化道路的特殊性,即中国特色和中国式现代化是由中华民族自身特殊性决定的。在崭新的历史条件和背景下,中国式现代化建设取得了史无前例的成就,同时还开辟了中国与世界历史发展之间的互动样态。基于上述,世界历史进程对现代化普遍性和必然性的规定,揭示了中华民族现代化进程与世界历史的互动关系,对深刻理解中国式现代化道路的起源和价值具有十分重要的理论和实践指导意义。

(一)世界历史与现代化的普遍性

1840年以来,中华民族遭遇了历史上最为严峻的生存环境,这是不同于中华民族历史发展进程中任何一次危机的巨大挑战,其实质是资本主义生产方式对农业生产方式的肆意挤压和强势支配。透过中华民族近代危机的重重表象,可以发现其根源在于现代性抽象出的绝对权力,这种绝对权力表现在资本主义历史发展时期,形成了对中华民族的强大外部性冲击。现代性权力的绝对性体现在对人类发展和人类社会发展演进的绝对宰制,它以绝对的权力开辟了世界历史进程,将原本只在某一地域发展的民族历史全

面纳入了世界历史发展潮流。马克思深刻揭示了确立在工业生产方式基础上、具有绝对权力的现代性,它不仅开辟了各民族一体化联系的世界历史,而且还形塑了世界权力配置体系,即整个世界被划分成支配和从属两个阵营。"正像它使农村从属于城市一样,它使未开化和半开化的国家从属于文明的国家,使农民的民族从属于资产阶级的民族,使东方从属于西方。"[①]这意味着资本主义生产方式按照资本增殖意志重塑了整个世界,与城市和乡村的从属关系类似,资本主义与相对落后的国家也形成了从属关系,世界所有民族都卷入了世界历史进程中,并且以此让现代化成为所有民族都需要面对的具有普遍性的历史命运。一个民族一旦进入世界历史进程,只要它不想被历史淘汰、不想灭亡就必须直面现代化主题。近代以来,众多思想家关注到了地球和人类发展呈现出的欧洲化趋势,实际是对这种普遍性历史命运的理论反映,同时这也造成了广大发展中国家人民群众将现代化与西方化相关联。由此,近代中华民族被动卷入世界历史、开展现代化建设探索是历史发展的必然趋势,是不以人的意志和构想为转移的客观现实。

尽管在世界历史的纵深推进过程中,现代化构成每个民族必须顺应的历史发展潮流,但不同民族开启现代化的方式及完成现代化的历史任务和进程是不一样的。不同民族国家的现代化发展基础存在显著差异,传统文化、思想观念、经济条件等方面的不同决定了各民族国家现代化发展道路和方式的差异。东亚、非洲等地区现代化起源和建设存在明显差异,走向现代化的方式更是不同;而就同一区域内不同民族国家实现现代化的方式也存在较大差异,甚至同一国家内部不同区域现代化、不同领域现代化实现方式都有着独特表现形式。总之,不论现代化进程是否顺利,是这种形式还是那种形式,都是各民族国家依据自身独特的经济社会和历史发展现实采取的

---

① 《马克思恩格斯选集》(第一卷),人民出版社,1995年,第276~277页。

不同的发展道路。马克思在给查苏利奇的回信中明确指出，一个民族国家的现代化完全取决于自身所处的独特"社会条件"和"历史环境"。那种把欧洲资本主义现代化发展道路归纳为一般意义现代化发展模式，并以这种一般方式来度量世界其他民族现代化发展方式注定是荒谬的。一般意义的现代化并不具有超历史的功用，资本主义不具有历史通约性。马克思在关注俄国革命前途命运时指出，俄国拥有独特的村社条件，以此为基础可能"跨越资本主义卡夫丁峡谷"，而如果一味模仿西方现代化会导致俄国实现现代化更为艰难。

就上述来看，世界历史规定了各民族实现现代化的普遍性，而各民族要实现普遍的现代化必须结合民族社会和历史发展条件的具体特征。黑格尔用哲学论证了真正的普遍性不是抽象的普遍性，真正的普遍性是能够深入事物内部且能够彰显具体的普遍性。在《历史哲学》和《法哲学》中，黑格尔批判了拿破仑试图将法国先验的自由制度加之于西班牙的荒谬，并指出了拿破仑失败不可避免的理由。任何将先验的制度加之其他国家的做法，即使这种先验制度具有合乎理性的因素，但其忽视欲加之国实际的做法注定难以成功，原因在于任何国家的制度设定都不是思想观念层面的事物，每个民族都有契合自身发展实际的理想制度。[①]

(二)世界历史与现代化的必然性

就世界历史发展的起源和影响来看，世界各民族都具有实现现代化的普遍性历史命运，同时这种普遍性也彰显了实现现代化的必然性。就人类社会发展的历史进程来看，生产力发展水平的提升与人类文明发展演进升级同样存在历史发展的必然。从农业文明向工业文明的演化是世界历史得

---

① 吴晓明：《世界历史与中国式现代化》，《学习与探索》，2022年第9期。

以形成发展和纵深推进的物质基础,也是广大劳动人民群众为了改善自身生活条件、追求美好生活的物质基础。在此语境下,工业生产方式和工业文明标注了世界历史与现代化的必然关联。工业生产方式标志着人类改造自然能力的极大提升,以此建构的工业文明成为世界历史发展和人类改造自然的强大驱动力量,就此工业文明是世界历史进程中最具有影响的事实。不是任何事物都能被冠之以最具有影响的事实,工业文明获得如此桂冠原因在于,工业生产方式是世界所有国家和民族都要经历的方式。也正是依赖工业方式产生的必然性,世界历史进程得以形成,在此基础上马克思预判了未来社会的发展趋势。

从理论产生和演绎的生产基础来看,马克思思想体系是建立在工业生产方式基础上的。工业生产方式是贯穿马克思思想体系的主线,它为资本主义主导世界历史的形成发展提供了历史和逻辑的双重起点。马克思不仅指出了工业生产与社会发展、工业生产与人的发展等诸多层面存在的尖锐问题,而且肯定了工业生产方式在助推走向理想社会形态的合理合法性。透过马克思的论述,我们可以进一步把握世界历史与现代化的必然性,人类最终要走向的是自由全面发展的理想社会,工业生产为未来社会奠定了充裕的物质基础。为此必须进一步把握工业生产方式的双重效应:一是劳动者陷入片面化生存发展状态,被工业流水线雕琢物化为"工具人";二是大工业生产创造了比以往社会更为丰富的物质条件,同时这也是实现各民族国家参与世界历史进程的物质基础。社会主义的产生和发展必须以普遍发展和普遍交往为前提,工业生产方式论证了实现社会主义的历史和现实必然。肯定工业生产方式或者工业文明在人类社会历史发展进程的普遍意义,并不是将马克思思想体系庸俗化地理解为工业文明发展过程。一旦离开对工业生产方式的考察,我们就难以系统全面理解马克思思想体系的核心,更难理解世界历史与现代化的必然性。工业生产方式创造了大量的社会物质财富,那么要如何来组织社会物质财富分配呢？作为组织工业生产动力来源的资本增殖逻辑,为有效处置工业产品、打开工业商品销售市场竭尽全力掀起跨国界跨主权的世界历史进程,为世界历史和人类现代化进程做了必然性注解。在这里必须指明的是,工业文明不是一般历史意义上的文明形态,马克思所阐述的工业文明具有更为深邃的历史眼光,其对工业生产方式的关注内容中,逻辑隐含了对工业文明的批判和未来社会的期盼。工业文明是相较于农耕文明的全新历史发展阶段,它包含了工业化、现代化的必然性,揭示了人类缘何走向世界历史的内在奥秘。人类走向未来理想社会形态的必然性建立在工业生产方式之上,而这一前提是工业生产方式催生的世界历史和民族历史之间转换的必然性。

尽管马克思之后的资本主义社会生产和再生产发生了较为明显的变化,但工业生产方式和工业文明依然是主导世界历史和现代化的生产方式。随着新型科技的发展,工业生产方式呈现出新的样式,但组织工业生产的资本增殖内核并未改变,世界历史和现代化的必然性依然存在。世界各国在追求现代化进程中需要解决的是如何避免资本在工业现代化的负面效应,这是世界各国都在致力解决但都没有完全解决的重大问题。中国式现代化道路的形成发展和影响,进一步揭示了马克思理论体系的科学性,同时为世界各国探索解决资本主义工业化生产方式的弊病提供了"智慧"和"方案"。

二、不同民族现代化进程取决于独特的社会现实

中国式现代化道路的形成发展是基于中华民族独特的社会和历史条件形成的,是结合具体的历史发展阶段演化升级的,这是中华民族追求现代化的现实起源。历史和事实证明,任何离开近代以来中华民族发展现实、抛开近代中国实际和事实的现代化探索都注定无解,更不用说接近和实现中国

式现代化。无论是资产阶级革命派还是改良派,他们都试图以抽象的普遍性来先验推动中华民族现代化建设的方案和设想,这些注定是悬浮的"空中楼阁"。只有中国共产党切中了近代中华民族现代化探索的实际,农民、资产阶级、地主阶级的空幻和梦想偏离了中华民族发展现实,是哲学意义上的"外部反思""虚假观念"和"病态表现"。在经历一系列的现代化探索失败以后,中华民族呈现出了其最突出核心特征:中华民族独特的社会和历史发展条件与马克思主义建立了直接且本质的联系。近代多方的探索和尝试为中华民族获得与马克思主义的联系提供了充分的历史准备。从近代历史发展进程来看,二者的联系是不以人的意志为转移的必然。鸦片战争以来,中华民族亟待一场彻底革命为现代化廓清道路,历史按照它自身发展规律选择了新民主主义—社会主义定向的革命。人类现代化实践证明,任何国家要进行现代化建设都需要坚实的社会基础,借此社会革命对大规模现代化建设具有至关重要的奠基作用。欧洲各国现代化进程开启之前都经历了社会革命的奠基,而至于社会革命需要什么样的方式、需要何种程度的斗争以及实现何种程度都仰仗于各自民族发展的社会和历史环境,也正是因为这种缘由,欧洲各国的革命方式是不完全相同的。

(一)近代中华民族现代化的世界历史定向

近代中华民族面临"亡国亡种"的严峻风险,预示着中国现代化必然需要一项彻头彻尾的社会革命来奠基。选择新民主主义—社会主义定向的革命道路,符合近代中国社会发展现实和历史条件内在规定。半殖民地半封建社会的特殊社会发展现实及世界历史发展大势的外在干扰,不仅决定了中国现代化需要通过新民主主义—社会主义革命来廓清障碍,否则中国式现代化就不能获得彻底变革的社会环境,而且还决定了必须将革命领导权托付给顺应世界历史发展潮流的无产阶级政党,否则它就难以完成彻底的社会革命,更难以获得实现现代化的真正社会基础。对近代中华民族的现代化而言,首先是终结半殖民地半封建社会的附属形态,为实现现代化提供政治保障,进而在此基础上顺应世界历史发展潮流,全面开展社会主义现代化建设。

五四运动在中华民族现代化发展历程中有着极为特殊的地位,它是中国革命从旧民主主义向新民主主义转向的关键节点。在现代化语境中,五四运动不仅是一场具有现代启蒙的思想解放运动,"民主""科学"为现代化建设进一步打破了思想束缚,奠定了五四运动的思想启蒙地位,而且是一场顺应世界历史发展潮流的、彻底的现实运动,反帝反封建斗争进一步彰显了无产阶级的历史主动精神。通过五四运动这一具有强烈现实指向的历史运动,中华民族真正进入了世界历史发展潮流之中。在当时世界总体革命斗争进程中,十月革命为各民族实现现代化指明了新的可能实现的道路,五四运动在这种大历史环境中自然成为与世界无产阶级革命遥相呼应的一部分。在此前提下,五四运动为中国共产党成立做了重要历史准备工作,并以此为中国现代化与马克思主义建立本质联系做了必要历史准备。尽管五四运动时期中国共产党尚未成立,但这不妨碍一大批具有共产主义觉悟的知识分子参与革命运动,即五四运动为中国共产党成立提供了思想和干部准备要件。中华民族现代化获得了与社会革命的深层联系,同时中国革命在最具有历史张力的节点上建立了与马克思主义的本质联系。无论是西方历史学家还是中国历史学家,他们围绕五四运动及中国社会革命形成了一致认识,如著名学者费正清在《伟大的中国革命》中清晰地论述了中国社会革命之社会主义定向的内在必然。

中国共产党成立意味着中国现代化与世界历史、与马克思主义建立起了深层本质关联逻辑,同时还意味着中国现代化进程出现了决定性转机,自此以后的中国现代化进程就是马克思主义与中国实际、与中国传统文化结合的历史进程。也正是中国现代化进程与马克思主义中国化进程的内在一致性,逻辑地决定了中国式现代化道路必须是中国共产党领导的,以推进马克思主义中国化、建设中国特色社会主义现代化为核心特征的现代化之路。从发生学视角来看,中国式现代化的发生逻辑与马克思主义中国化的发生逻辑存在高度一致性,由此决定了中国式现代化发展历程与马克思主义中国化发展历程的高度重合性。自1840年鸦片战争中华民族被动卷入世界历史进程以来,只有中国共产党寻求到了拯救中华民族的"真经"。在中国共产党领导全国各族人民激烈抗争的过程中,马克思主义与中国具体历史国情、传统文化实现了结合,中国式现代化有了坚强的领导核心和科学的理论指导,借此中国式现代化在世界历史发展进程中获得了主动发展的历史空间。

(二)近代中华民族现代化与马克思主义的本质关联

在与世界历史互动中,中国现代化的历史特质不仅仅限于开展现代化建设的主题运动,而且基于人类社会发展规律将现代化与马克思主义建立了深层关联。就中国式现代化的马克思主义向度来看,中国现代化进程的历史特质绝不是形而上学地与马克思主义建立联系,而是实现了马克思主义中国化时代化的深度转化。中国式现代化与马克思主义的内在耦合并不是一蹴而就的,它们二者联系的形成有着相当的历史周期,同时还依赖和仰仗马克思主义中国化的推进。吴晓明将这种逻辑关系称为"没有马克思主义的中国化,也就没有马克思主义同中国现代化进程的本质联系"。对早期中国共产党而言,中国化马克思主义并不是现成的理论,它的形成发展经历了艰难的淬炼。这一点对中国式现代化发展和中国共产党发展壮大有着极为重要的作用,其生动鲜活地体现在中国共产党早期的历史探索和实践进程中。早期中国共产党人并没有深入马克思主义理论体系内部,在具体实践中容易将抽象的观点套用在中国革命发展实际中,这是典型的教条主义表现。大革命失败的重要原因是教条主义者将俄国革命城市中心主义抽象地运用在中国革命斗争中,由此带来了极为严重的革命后果,中国共产党领导的革命斗争一度因此陷入低谷。显而易见的是,大革命失败并不是因为马克思主义理论存在问题,也不在俄国革命经验问题,而是在使用马克思主义和俄国革命经验的教条主义者有问题。只有经过革命实践检验和校正,在毛泽东找到"农村包围城市"这一符合中国革命和国情实际的道路时,中国共产党才在革命道路层面摆脱了抽象原则和教条的束缚。换言之,马克思主义基本原理与中国的结合是立足具体历史国情展开的,缺少对中国特定事实和具体情况关注的革命斗争注定难以成功,近代诸多社会阶级革命探索失败的原因也能在此获得理论解释。

中国共产党在革命道路形成发展中对农村和城市关系的把握,实际就是推动马克思主义与中国特定历史社会现实相结合的过程,是将中国革命的历史性探索纳入世界历史发展进程的过程。仿照俄国革命道路意味着中国现代化有了社会主义定向,这是顺应世界历史潮流的历史主动选择。而在运用俄国革命经验受挫时的及时调整,是深刻践行了马克思主义活的灵魂,依循特定社会和历史环境将马克思主义与中国具体国情相结合,避免形而上学理解和运用马克思主义,成功实现了马克思主义与中国特定社会条件和历史环境的结合,成功实现了马克思主义中国化,为中华民族的革命道路和现代化建设奠定了坚实的理论基础。近代以来,中华民族为挽救自身危亡处境,进行了多种形式的大规模对外学习,只有学习马克思主义获得了成功,原因在于任何外部理论和经验发挥作用都需要立足中国社会环境和历史条件。从现代化的推进原则来看,中华民族立足具体社会条件和历史环境推进现代化,实际就是彰显中国特色和践履中国式的现代化。从历史实践的推进来看,新中国成立以来,中国现代化的建设速度和规模空前提升,形成了影响极为深远的社会主义现代化道路,将拥有古老文明的中国变成了世界上最富有生机和活力的现代国家。

新中国成立意味着新民主主义革命取得了胜利,如何开展现代化建设成为中国共产党需要结合具体历史国情进行思考的重大理论和现实问题。在国内"一穷二白"和国际敌视封锁的历史背景下,新中国既没有国内工业化建设的积累,也没有来自国际社会的有力支援,可供中国进行现代化建设的实践选择空间着实不多,这种历史和现实意味着如何在顺应世界历史发展潮流的大背景下开展现代化建设,成为中国现代化建设亟待回答的现实问题。现代化建设的基础在工业化,如何为工业建设募集资源,成为中国共产党探索现代化建设需要直面的现实。在学习苏俄现代化建设的历史经验基础上,结合具体社会条件和历史环境独立自主开展社会主义现代化建设,成为新中国成立初期的历史必然,如此一来既避免了资本主义现代化殖民掠夺带来的种种问题,又避免了一味模仿苏联现代化的弊病。为此在三年经济恢复基础上,通过社会主义改造进入社会主义,并采用计划经济体制开展现代化建设,成为顺应世界历史发展的内在规定。新中国成立初期工业基础赢弱,一旦依靠民族资本进入世界市场,当时不仅没有能力在世界市场获得开展现代化建设的物质条件,而且还必将因处于产业链底端被资本主义分工所掌控。凭借社会主义革命和建设时期的工业积累,为改革开放以来的现代化建设提供了必要条件,社会主义现代化取得了举世瞩目的成就,这为中华民族伟大复兴积累了宝贵财富。中国特色社会主义理论和实践历史性地推动了中国式现代化的发展,为中国式现代化进入新的历史发展阶段做出了不可磨灭的贡献。

综合上述,近代以来中华民族追求现代化的历史探索,实际上是试图从被动卷入世界历史到改变民族发展命运的历程。马克思主义作为阐述人类发展终极走向的科学理论,是解释和指导中华民族现代化探索的理论坐标,即中华民族现代化在世界历史发展潮流中建立了与马克思主义的本质关联。

三、中国式现代化与世界历史双向互动的阐释

借助世界历史与现代化、现代化与民族自身实际发展两个层面的分析，我们可以有效提炼出中国式现代化道路与世界历史的双向互动逻辑。世界历史形成发展进程逻辑蕴含了人类走向现代化的普遍性和必然性，这是理解中国式现代化缘何与世界历史存在关联的理论前提。近代以来，中华民族被动卷入世界历史实际就是世界历史衍生出的现代化诉求，是资本主义生产方式全球扩张产生对中国市场空间诉求的历史必然，这是世界历史蕴含现代化普遍性的依据。随着生产力的快速发展，人类社会必然会获得更为强大的改造自然的能力，即农业生产方式被更具有优势的工业生产方式取代是人类社会发展的必然。显而易见，大工业大机器生产方式获得了比农业生产方式更为先进的改造自然的能力，任何民族国家要想不被历史发展潮流所淘汰，必然需要顺应工业化并建立起工业化生产方式，这是解释世界历史与中国式现代化必然性的依据。中华民族近代被动挨打本质是工业生产方式对农业生产方式的碾压，中华民族要不想被世界历史淘汰，必须通过工业化进入现代社会。

事实上，世界历史作为中国式现代化形成发展的客观趋势，不仅对中国式现代化道路形成发展产生了影响，而且中国式现代化道路对世界历史也产生了深远影响。中国式现代化道路对世界历史的影响深刻体现在，改变中华民族自身发展境遇和世界历史进程两个层面。作为古老的东方大国，中华民族在世界历史进程中占有重要地位，中国式现代化道路意味着中华民族有了科学实现现代化的道路，意味着14亿多人民获得了更加美好的物

质生活条件,意味着人类现代化进程往前推进了一大步。与此同时,作为社会主义国家、最大的发展中国家和世界最大的市场,中国式现代化意味着中国在世界历史发展进程中获得了更大的话语空间,人类现代化进程和格局开启了全新局面,特别是世界历史向着更有利于社会主义运动、更有利于发展中国家、更有利于世界经济稳定发展的方向前进,这深刻形塑了中国与世界历史互动局面。

鸦片战争打破了中华民族闭关锁国的状态,意味着中国被动卷入了世界历史进程,如何谋求实现独立富强成为近代各社会阶级抗争的主题。旧民主主义时期地主阶级的自强求富、农民阶级的革命斗争、资产阶级的改良和革命运动都失败了,根源在于他们没有洞悉世界历史发展的最新态势。这一时期资本主义以资本为本的弊病深刻显示在了国内和国际实践活动层面,世界范围内的无产阶级意识开始觉醒,世界历史发展拥有了全新的无产阶级主体力量。十月革命意味着人类世界历史发展进入了资本主义和社会主义共存的阶段,人类距离马克思言明的理想社会更近了一步。旧民主主义革命时期各社会阶级的无效抗争局面,驱动了先进知识分子对中华民族历史走向和命运的思考。直到顺应世界历史发展潮流、与马克思主义存在本质关联的中国共产党成立,中国革命面貌才得以深刻改变,中华民族才在真正意义上获得了影响世界历史的历史主动权。由此可以进一步说明,世界历史与中国式现代化道路的互动关系,世界历史是中国式现代化形成发展的客观历史趋势,近代被动卷入世界历史在现实层面构成了中国式现代化的开端;同时中国式现代化道路的确立是世界历史进程中的重大事件,因其自身性质和成就彰显了其现代化意义,对世界历史发展走向和趋势产生了深远影响。

第三节 重塑世界:中国式现代化道路的世界历史意蕴

需要对中国特色社会主义进入新时代做出充分历史评价,这是因为中国式现代化获得了向世界历史纵深推进发展的空间,新时代意味着中国式现代化获得了新的历史坐标。站在全新的历史坐标上来看待社会主义现代化建设的辉煌成就,可以确认中国式现代化道路对世界历史的深远影响和非凡意义。一是中华民族复兴展现出了前所未有的光明前景。自近代被动卷入世界历史以来,中华民族不仅以站起来、富起来实现深度参与世界历史的飞跃,而且正在以强起来深刻影响着世界历史发展的走向和趋势。二是世界社会主义运动展现出了前所未有的光明前景。中国式现代化不仅意味着中国特色社会主义在世界历史进程中站稳了脚跟,而且意味着科学社会主义正在以昂扬姿态全面走向振兴,即中国式现代化为世界社会主义运动开辟了光明发展前景。三是人类现代化呈现出了前所未有的光明前景。资本主义现代化的种种困顿在现实层面验证了马克思指明道路的合理合法性,同时为中国式现代化探索提供了来自对立面的佐证。中国式现代化是扬弃资本主义现代化的全新探索,它为广大后发国家走向现代化提供了新的可复制的选择,这是人类现代化建设的中国智慧和中国方案。借助上述分析,可以更全面理解中国式现代化的世界历史意义,中国作为世界上最大的发展中国家,在经历改革开放40多年的发展基础上,已真正成长为世界市场的重要组成部分;作为社会主义开创的新型现代化道路,中国式现代化为世界历史发展注入了强大的发展动力和价值支撑,有力推动世界历史向着有利于社会主义方向的发展。在此语境下,中国式现代化真正改变了世界历史发展走势,重塑了世界历史发展格局。

一、中国式现代化道路的历史坐标意义

中国特色社会主义事业获得新的历史坐标,寓意着中国式现代化和马克思主义中国化在中华民族伟大复兴的意义得以全面彰显,以此为基础进一步彰显了其世界历史意义。这种意义在何种程度上被称为世界历史意义是需要进一步做出解释:在理论层面,黑格尔的世界历史思想可以做出合理化解释,特定的民族要在特定历史阶段承担起特定历史任务,同时这种特定历史任务在世界历史进程中具有普遍性,中国式现代化道路作为中华民族在世界历史进程中追求现代化的理论和实践成果,获得了世界历史意义。中华民族追求现代化的过程符合世界历史的普遍性规定,在具体展开过程中,中国式现代化与马克思主义中国化的联系愈加紧密,以此进一步巩固了中国特色社会主义事业的世界历史地位。借助与马克思主义的紧密关联逻辑,中国式现代化道路在更为广阔的历史发展进程中实现了与人类未来发展和世界历史未来走向的勾连,借此中国式现代化道路在特定历史坐标上的世界历史意义得以全面凸显。

(一)中国式现代化道路的新方位和新坐标

中国特色社会主义进入新时代既是中国式现代化道路的全新历史方位,也是世界历史发展的全新历史坐标。中国共产党领导全国各族人民开展现代化建设的历史探索,凸显了中华民族现代化的独特性和强大优势,并且在以人民为中心的价值追求中展现出了更为丰富的内涵。结合中华民族现代化建设的独特社会和历史现实,中国式现代化道路既有世界现代化建设的一般特征,也具有中华民族特色,同时在发展方向、内涵和特征上获得了世界与中国的双重表达。如若没有中国式现代化道路的探索和发展,中华民族就难以获得在世界历史进程中的生存发展空间，更毋庸赘言取得社会主义现代化建设成就。换言之，中国式现代化取得的成就，为新的历史方位和历史坐标提供了具有强大解释力的注脚。与西方原生现代化不同，中国式现代化道路属于外生追赶型现代化，因此它拥有人类现代化的共同特点和一般内涵。就中华民族特定的社会和历史条件来看，中国式现代化道路的现实性体现在根植中华民族具体历史国情方面。尽管资本主义现代化道路在不同国家有不同表现形式，但这些差异都是对不同民族国情特征的反映，是不同民族国家现代化建设不容抹杀的具身性特征。任何抹杀现代化建设具体现实都是试图将抽象先验理论强加给其他民族的做法，注定难以获得现实展开的根基。

新的历史方位和历史坐标是中国式现代化道路彰显世界历史意义的依据，中华民族伟大复兴不仅仅在于它要实现现代化、要成为世界历史进程中的现代化国家，还在于中华民族要在完成自身现代化建设基础上，善用人类文明成果创造文明新形态。这是中国式现代化道路获得世界历史意义的关键，也是中国式现代化与人类文明新形态建立联系的深层逻辑。人类现代化历史说明，一味追逐本国现代化的做法并不具有世界历史意义，一国现代化充其量只能是从属于资本主义世界历史进程和文明形态的边缘现代化。中华民族追寻的现代化并不是成为类似资本主义的现代化强国，而是要对资本主义现代化的消极方面进行扬弃，以此获得超越资本主义现代化本身的新型现代化。[①]在这个意义上，中国式现代化道路是对马克思世界历史思想的深刻践行，其承载的世界历史意义得以全面呈现。按照马克思对资本主义的批判和对未来理想社会的建构，人类文明新形态的产生有两个必备

---

① 鲁品越、姚黎明：《中国要成为资本主义"同类国家"吗？——中国发挥自身制度优势才能自立于世界民族之林》，《毛泽东邓小平理论研究》，2019年第8期。

条件:一是必须充分占有资本主义现代文明的积极成果,以此获得进入理想社会的物质基础。未来理想社会必然是建立在资本主义生产力充分发展基础上的,这也符合"两个绝不会"理论精髓要义。马克思在将目光转向俄国怎样走向现代化时,明确指出俄国要充分利用村社等基础。不论走何种道路,俄国要实现现代化必须充分占有资本主义文明成果。中国式现代化道路同样适用于东方社会理论分析,故此改革开放确立社会主义市场经济,充分借鉴资本主义、充分激发资本积极作用,是符合马克思世界历史的理论和现实必然的。二是必须扬弃资本主义现代化内在弊病,超越现代性或建构新的现代性。马克思深刻剖析了资本主义的内在矛盾,指出未来理想社会要通过国内发展和世界历史两个层面扬弃资本主义现代化,并严格地将扬弃资本主义的社会文明形态称为理想的共产主义社会。当前学界对中国式现代化要扬弃资本主义现代化弊病达成了共识,但对如何对待现代性形成了争议空间。实际如果不超越资本主义,中国式现代化只能成为资本主义文明附庸,由此构建人类文明新形态就难以获得维持的现实基础,更难以彰显世界历史意义。

(二)中国式现代化道路历史坐标的深层价值

马克思在黑格尔世界历史思想基础上,对资本主义做了深度的历史哲学批判,以此澄明了资本主义现代化的历史流变性,指出人类进入共产主义社会的理论和现实必然性。在人类文明发展进程中,资本主义现代化创造的文明成果是共产主义社会的物质基础,资本主义是必然要接受历史审视和流变的历史范畴。作为人类现代化发展进程中的过渡事物,资本主义现代化和文明成果具有繁荣和衰落的必然性。在21世纪世界历史发展进程中,资本主义的历史流变特征日益明显,世界总体"东升西降"及资本主义的种种无解困局,进一步证实了资本主义现代化及其文明成果的历史流变性。

马克思通过政治经济学批判揭示资本主义历史流变性,为把握人类社会发展走向锻造了"思想武器"。马克思政治经济学批判的核心在于实现对资本主义生产发展规律及其走向的揭示,他通过系列理论文本来阐释资本主义现代化及其文明成果的核心意图,在肯定资本主义现代化的历史合理合法性,同时指明其走向历史终结的必然性。就此马克思对资本主义的批判并不是一味地否定,而是在肯定其历史积极性基础上,阐释资本主义消亡的历史必然。资本主义现代化兼具文明面和消极面,社会主义要在占有文明面的同时扬弃消极面,而且扬弃消极面的前提在于充分占有资本主义文明成果。

中国特色社会主义的崭新特征,是以新历史方位和历史坐标来衡量的,是以中国式现代化道路推进为基础的,其充分借鉴了一切人类积极文明成果的实践逻辑,包含了超越资本主义现代化的目标向度。世界历史是中国式现代化道路形成发展的现实场域,同时是中国式现代化在新历史坐标上进一步发挥作用的宏大历史叙事基础。概言之,21世纪中国式现代化道路并不是自说自话的现代化叙事体系,其形成发展和历史坐标系离不开世界历史的支撑。中国式现代化道路的解说和界定离不开世界历史进程,意味着社会主义现代化依然需要直面资本主义,资本主义及其世界历史的历史流变性并不影响中国式现代化与资本主义的深度合作。不论资本主义以敌视还是友好姿态对待中国,世界历史都不可能脱离拥有世界市场最多人口、最大潜在市场的社会主义中国。资本主义对中国式现代化道路的意识形态歧视,深层本质是资本全球获利格局受损导致的。社会主义中国在世界市场的强势崛起,特别是高附加值、高科技产品在世界分工体系中形成对资本主义获利格局的冲击,使得资本主义对社会主义中国形成了更为强烈的敌视和阻挠。就此而言,中国式现代化道路必将以全新的历史坐标改变世界历史发展走向,为广大发展中国家提供更具可能性和发展前景的新型现代化道路。作为人类先发现代化,资本主义拥有人类作为包含未来历史筹划的先进经验和文明成果,同时以清晰的发展脉络展现了中国式现代化道路的社会主义现代化强国目标指向。即中国式现代化道路是一条以社会主义为历史运动定向的新型现代化道路,其沿着马克思言明的方向,在与资本主义现代化共处的世界历史进程中开启了扬弃资本主义现代化的实践。在这层意义上,中国式现代化道路获得与人类文明新形态融通的充要条件。

二、中国式现代化道路的世界历史意义

中国式现代化道路在新的历史方位和历史坐标层面呈现出与人类文明新形态的强关联逻辑,体现在中国特色社会主义建设的诸多理念和要素层面。其中在国内层面,最核心、最根本的理念体现在以人民为中心的发展理念上。只有彻底打破资本主义现代化的资本至上原则,人民才能享受到发展红利,才具有实现共同富裕的物质基础。在国际层面,最具有代表性的是新型大国关系,与资本主义国家在国际社会践履的丛林法则不同,新型大国关系遵循的是平等合作共赢,这全面突破了资本主义国家设置的支配和从属关系。中国式现代化道路要在现代化建设进程中践行上述理念和要求,必须扬弃资本主义现代化才具有现实可能性,才具有构建人类文明新形态的现实可能性。中国式现代化的历史探索和实践,需要将新理念、新要素体现在更广泛更深入的方方面面,由此人类文明新形态就获得了方方面面的展示机会,就获得了由可能性转变为现实性的社会基础。在中华民族伟大复兴和社会主义现代化强国建设的历史实践中,中国式现代化本身蕴含着建构人类文明新形态的要求,是世界百年未有之大变局中最积极的变量。换言之,中国式现代化道路不仅囊括了实现中华民族自身现代化发展,而且还蕴含了有效回应和解决人类社会发展的重大理论和现实问题。中国式现代化道路的世界历史意义既体现在对资本主义现代化超越、拓展发展国家

走向现代化的路径层面，也体现在以人类文明新形态为实现人的自由全面发展做贡献层面。

（一）为人类走向现代化提供"中国方案"

实现现代化是近代以来中华民族孜孜以求的主基调，是中华民族拥有重塑世界机会的鲜明主题。中华民族有着5000多年的文明发展史，为人类社会发展做出了自身历史贡献。近代以来落后的封建制度、科学文化等，让中华民族落后于世界历史发展潮流并陷入了蒙难蒙羞的境遇。中国共产党彻底打破了中华民族革命抗争的被动局面，带领全国各族人民走向了新民主主义—社会主义定向的现代化建设征程。经过几代人的接续探索，中国共产党成功探索出了一条人类历史上前所未有的现代化新路，打破了资本主义现代化的种种悖论，缔造了人类现代化建设历史上的中国奇迹。中国式现代化道路的世界历史意义旗帜鲜明地体现在，为广大发展中国家提供走向现代化提供"中国方案"，这在人类现代化发展史上和中华民族发展史上具有里程碑意义。

追求现代化是各民族顺应世界历史发展潮流的内在趋势，无论该民族的历史传统、社会制度存在何种差异，走向现代化都是或早或晚的客观规定。现代化是一个具有综合性表达语义的词汇，不同社会形态和历史条件的人对如何走向现代化存在较大争议，然而不论如何走、走向何种现代化都离不开特定生产关系和社会制度作为基础。就人类现代化的历史探索来看，走向现代化主要有资本主义和社会主义两种方式。历史事实证明，资本主义率先开启了人类现代化的探索，但其道路并不是人类走向现代化的坦途，更不是人类走向现代化的唯一选择。21世纪种种无解的困顿局面说明，资本主义现代化的未来发展前景堪忧。与资本主义相对的、更高层级的现代化是社会主义现代化。社会主义现代化契合人类社会发展规律，是人类走向现代化的科学道路选择。当然需要指出的是,社会主义现代化需要充分尊重民族国家的社会环境和历史条件,一旦偏离现实也容易陷入教条主义的僵化处境,苏联经典社会主义现代化模式就是偏离苏联实际走向而失败的。面对资本主义现代化种种难以调和的矛盾,中国特色社会主义以人类前所未有的成就,成功开拓出了一条新型现代化道路,打破了资本主义现代化的各种迷思和悖论。

资本主义现代化肇始于对中世纪愚昧、野蛮的文明开化,是以新航路开辟、科技革命加持为基础的长时期历史变迁过程,其政治、经济、文化等经历了革命性变化,创造了人类现代化历史上的独特文明景观。资本主义工业生产方式开启和主导的现代化,在人类现代化建设历史进程中具有开创性意义。尽管马克思在其相关理论论述中从没有形成关于现代化的论述,但他明确把资本主义生产方式创造的社会形态称为"现代社会"。无论是在极富影响力的《共产党宣言》,还是在成熟时期的《资本论》中,资本主义生产方式创造的社会都获得了现代意义的表达。虽然马克思论述的现代社会与今天的现代化的含义不尽相同,但其相关论述为社会主义现代化建设提供了大有裨益的思想资源。资本主义现代化是人类现代化建设的第一步,它为人类走向现代化起到了良好示范作用,为人类走向理想社会形态奠定了物质基础。问题在于资本主义现代化并不是人类现代化的唯一模式、终极模式,人类走向现代化必然需要发挥商品、资本等范畴的积极作用,而资本主义生产方式的内在矛盾决定了资本中心主义,由此无法克服的经济危机会一次又一次爆发,这势必会严重阻滞资本主义现代化和人类社会的稳序发展。以贫富差距为代表的社会现象,表明资本主义现代化的固有矛盾是其自身无法克服的,要走向为人发展服务的现代化需要回到马克思语境、回到中国式现代化道路上来。

实现现代化是人类社会文明发展的内在要求,是世界各民族孜孜以求的目标。21世纪资本主义现代化的政治危机、经济危机、文化危机、生态危机等综合交织,严重影响了世界和平发展趋势,严重违背了各国人民群众的美好发展愿景。中国式现代化道路以卓有成效的发展回应了资本主义现代化的种种悖论,以铁的事实为人类走向现代化提供了"中国方案"。一是以富强的现代化国家破解了资本主义现代化经济发展无解的经济危机问题。富强是社会主义现代化建设的物质基础,新时代中国共产党不断强化经济建设,以一系列经济发展的战略举措和发展理念,全面驱动了经济的高质量发展转型,打破了后发国家现代化面临的"边缘国家""中等收入陷阱"等经济发展悖论。二是以全过程人民民主建设打破了资本主义现代化的民主危机问题。与资本主义金钱民主不同,民主是社会主义现代化的生命。全过程人民民主是社会主义民主政治建设的生动表现,真正体现了最广大人民群众意志,是"中国之治"的显著优势和支撑,全面破解了资本主义现代化的政治悖论问题。三是以物质和精神相协调破解资本主义现代化的文明发展悖论。现代化是一个具有复合语义的范畴,物质是现代化的必要基础,精神文化是现代化和社会进步的重要标志。作为中国式现代化的重要内容和表征的物质和文明协调发展向度,社会主义精神文化的现代化打破了资本主义内置的中心主义文化霸权,为世界各国现代化建设贡献了精神文化建设方案。四是以和谐共生的社会治理打破了资本主义社会治理悖论。资本主义现代化见物不见人、只顾少数人的社会治理带来了严重的社会问题,中国特色社会主义治理始终以人民为中心形成了世界上最富有成效的社会治理模式,为满足人民群众美好生活需要提供了充满活力的社会秩序保障。五是以人与自然和谐共生的生态文明破解了资本主义现代化的生态难题。生态文明昭示了中国式现代化道路的独特价值意蕴,有效破解了资本中心主义对生态的无休止掠夺难题,消除了生态殖民主义、生态帝国主义的影响,化解了资本主义现代化的生态困境。

(二)为解决世界问题提供"中国智慧"

中国式现代化道路开创出了一条人类历史上前所未有的现代化道路,为广大发展中国家走向现代化提供了全新选择。生产力和生产关系、经济基础和上层建筑是认识社会发展的基本原理和逻辑遵循,为深化认识人类现代化建设规律、理解社会主义现代化的优越性提供了科学理论依据。资本主义现代化的种种困顿局面,驱动了世界各国对人类现代化走向的反思。尽管资本主义创造了丰富的物质文化基础,但其日益严峻的矛盾也孕育了新的现代化。社会主义现代化作为表征人类社会发展规律和前进方向的现代化,在解决诸多发展问题中日益显示出了强大的生命力。就此来看,中国式现代化为世界解决发展问题贡献了"中国智慧"。

西方现代化是人类现代化的先行者,为后发展国家如何实现现代化提供了示范。问题在于效仿西方现代化的发展中国家并没有成功实现现代化,绝大多数国家都陷入了经济停滞、政治无序等困境,甚至部分国家深陷内战泥沼。这在事实层面构成对资本主义现代化模式的否定,广大后发展国家处在如何走向现代化、是否走向资本主义现代化的十字路口。资本主义现代化难以被复制的原因有两个:一是发展中国家没有工业基础,在国际分工体系中处于最弱势地位;二是发展中国家进入全球市场必须接受资本主义建构的分工秩序,即只能承受作为资本主义分工体系附庸角色。这也就是说,资本主义是发展中国家实现现代化的"紧箍咒",去依附性程度关涉其现代化实现程度。中国式现代化道路的巨大成功,无疑给广大发展中国家提供了如何走向现代化的智慧。具体社会条件和历史环境决定了各民族国家走向现代化的差异,中国式现代化道路为广大发展中国家提供的不是具有普遍性的特殊性,而是能够形成有益发展的现代化经验。

第一,改革、发展和稳定是现代化建设进程中需要辩证把握的三对关系。发展是解决现代化所有问题的关键,改革是实现现代化的内生动力,稳定是维护发展和改革的前提,三者是有机统一在现代化建设进程中的。反观后发展国家陷入种种困境的原因,其中未有效平衡改革、发展和稳定的辩证关系,是阻滞甚至打断其现代化进程的重要原因。中国式现代化是在大局稳定的前提下,全面统筹推进改革和发展,成功创造了近代以来未有过的长时期、大跨度的发展,为后发展国家提供了宝贵经验。在现代化征程中,稳定和改革都是为了实现发展,处理好改革、稳定和发展的关系是保证顺利推动现代化进程而不被外界阻力打断的关键。

第二,科学认识独立自主和对外开放的关系。资本主义现代化的先行示范作用,并不是发展中国家亦步亦趋模仿其现代化的理由,失去自身独立性的现代化没有出路。无条件接受和推广资本主义现代化模式,本质是未能妥善处理独立和开放关系的外部表现。诸多后发展国家探索现代化建设,是以失去独立自主性为前提的。资本主义国家以经济援助、无息贷款为诱饵,驱动发展中国家按照资本主义规则体系进行外事和经济活动,剥夺了发展中国家经济发展的战略主动权,一旦国际经济环境出现异动,发展中国家经济就将面临来自资本主义"釜底抽薪"的撤资,进而形成断资雪崩效应。中国式现代化作为异质于资本主义的新型现代化,拥有独立自主发展经济的宝贵经验。后发国家要在充分发挥自身独特禀赋基础上,充分借鉴中国经验,独立自主地参与全球化。

第三,妥善处置依附和摆脱的关系。资本主义主导了世界历史和世界分工体系,广大亚非拉国家被动进入世界历史。处于外围的后发国家受到资本主义分工体系的严格约束,只能被动依附且难以摆脱资本主义分工体系的钳制。中国式现代化道路既没有与西方资本主义断联,又没有依附,而是在与西方纵深交往过程中实现了独立自主的发展,即中国以自身实践探索为后发展国家如何处置依附和摆脱提供了示范。

第四,正确处理政府和市场的内在关系问题。计划和市场都是经济发展过程中配置资源的手段,市场是配置资源的最佳手段,但因为市场的自发性、盲目性等问题,必然需要来自行政指令的纠偏。后发国家在现代化进程中将市场放置在最高位置,忽视了国家和政府在经济发展中的能动作用,由此生成了严重影响经济社会稳序发展的结局。中国式现代化以社会主义市场经济科学有效地激活了市场和计划的双重积极性,充分激发了一切生产要素的积极作用,为发展中国家运用经济发展手段有效组织和发展生产提供了参考。

需要指出,资本主义现代化内含了精致的利己主义基因,在国际社会表现为强而必霸的丛林法则,这也是资本主义主导世界历史进程难以获得发展未来发展空间的文化因素。而中国式现代化道路蕴藏了马克思主义和中华优秀传统文化,和平发展与天下大同的基因深深烙印在其现代化建设进程中,并以此形成了对资本主义现代化的纠偏。就人类现代化发展历程的长远目标来看,新型世界历史和现代化的最大智慧来自中国式现代化,其优秀传统文化与马克思主义的紧密结合,将为世界创造更具有历史穿透力的"智慧"。

三、中国式现代化道路以人类文明新形态重塑世界历史

中国式现代化道路之所以具有重塑世界历史的功用,在其现代化有自身发展优势,同时又开拓了人类文明新形态,是特殊性和普遍性、中国特色和世界意义的统一。习近平总书记指出:"我国是世界上最大的社会主义国家,当我国建成社会主义现代化强国、成为世界上第一个不是走资本主义道路而是走社会主义道路成功建成现代化强国时,我们党领导人民在中国进

行的伟大社会革命将更加充分地展示其历史意义。"①第一个百年奋斗目标的实现意味着全面小康社会的建成和绝对性贫困的终结,中华民族正在以全新的文明形态拓展人类现代化走向更广阔、更具进步意义的历史空间。中国式现代化历史性终结绝对贫困并领导14亿多人民建设现代化,彻底改写了世界现代化版图,创造了人类现代化建设的伟大奇迹。

中国式现代化道路能够重塑世界历史,核心依据在于它为人类现代化的性质和方向注入了新的动能,拓展了人类走向现代化的路径,深刻改变了世界历史格局和发展趋势。人类社会要进入现代化,只能进入资本主义主导的世界历史进程,别无他择。广大发展中国家被迫卷入资本主义现代化进程,普遍处于半殖民地或者殖民地状态,被动式无条件地接纳了资本主义设定的分工角色,民族独立和现代化建设深受资本主义的框定限制。广大发展中民族国家要实现现代化,要么是一种被"阉割"自主性的现代化,被从政治、经济、文化等诸多领域进行了限制,要么是一种仅具有现代化称呼的依附性现代化,被资本主义严格限定在了产业分工的最低端。这也就是说,资本主义现代化仅仅赋予了发展中国家现代化的形式,并没有给予现代化发展事实。广大发展中国家在客观层面参与了现代化建设进程,只是这个现代化是以服务资本主义现代化为终极目的的。被镶嵌在资本主义现代化分工体系的发展中国家,只能依据自身资源禀赋开展所谓的现代化,如原材料供应或初级产品加工或提供市场等类别,难以获得民族独立发展的资源和机会。中国共产党充分反思了人类现代化建设实践,通过革命、建设和改革确立了中国式现代化道路,以几十年的探索完成了资本主义几百年的发展历程,创造了世界历史进程中罕见的经济快速发展和社会长期稳定奇迹。

---

① 《习近平关于"不忘初心、牢记使命"论述摘编》,党建读物出版社、中央文献出版社,2019年,第39页。

在更广阔的人类社会历史视野中,中国式现代化道路为人类现代化注入了新的动能,为纠偏资本主义现代化提供了具有人类文明新形态定向的参考方案;以人类现代化建设的模范为广大发展中国家提供了新的选择,证明资本主义现代化并不是唯一选择。后发展国家只要结合具体国情和历史现实独立自主地开展现代化探索,同样可以创造出符合民族发展实际的现代化道路,以此彻底打破人类现代化言必称资本主义现代化的荒诞逻辑,丰富人类现代化建设理论和实践体系。

作为具有社会主义历史定向的现代化,中国式现代化道路的意义还体现在改变世界历史格局和发展趋势层面。马克思深度关注了资本主义社会现实,批判了其内在矛盾形成的种种问题,肯定了其对走向理想社会形态的积极作用。列宁以马克思主义为指导,率先开启了扬弃资本主义现代化的社会主义现代化探索,以此为实践基础苏联、东欧等一系列国家有效推动了社会主义现代化建设进程,为人类走向理想社会积淀了宝贵的历史经验。遗憾的是,苏东剧变以后世界社会主义一度陷入低谷,日裔美籍学者福山据此提出了历史终结论,认为资本主义现代化是人类演进的终极形态。中国式现代化道路的成功,有力回应了种种对社会主义现代化的质疑,一改世界社会主义运动的低潮发展局面,深度改变了社会主义在世界历史发展进程中的地位,创新发展了21世纪马克思主义,将世界历史引向了更有利于社会主义现代化建设的方向。更为重要的是,资本主义世界历史和社会主义世界历史将在更长的历史时期内长期共存,人类最终将实现和走向社会主义主导的世界历史发展阶段。中国式现代化道路取得的举世瞩目成就,进一步验证了马克思理论构想的科学性,为世界历史发展走向注入了新的动能,深刻改变了世界历史格局和未来发展走向。

第二章

卷入世界历史：中国式现代化道路的历史因由 ▶▶▶

马克思以深邃的理论揭示了资本主义现代化与世界历史转向的同构，为分析中国式现代化道路的形成发展提供了重要理论视角。世界历史肇始于资本主义现代化的欧洲实践，同时其不断向世界各地拓展并形成了世界资本主义生产分工体系。中国式现代化道路起源于近代中华民族被动卷入世界历史，正是来自外部力量的打断，加快了中华民族的现代化觉醒和建设速度，就此中国式现代化道路形成发展实现了与资本主义现代化的内在联通。中国式现代化道路取得的辉煌成就是以近代以来的抗争和探索为基础的，脱离世界历史就难以形成对中华民族现代化探索的系统全面把握。任何民族从前现代社会进入现代社会都需要经过充分的现代化启蒙和发育，如西欧启蒙运动构成了资本主义现代化的思想资源。与内生的现代化启蒙不同，中华民族的现代化启蒙来自近代鸦片战争以来为摆脱落后挨打局面进行的抗争，外部诱发因素与内部潜在因素结合为中国式现代化道路的形成提供了前提条件。

中国式现代化道路是兼具中国特色和人类现代化新形态的现代化道

路,分析其形成发展、探索和贡献都离不开世界历史。卷入世界历史构成解释中国式现代化道路形成发展的历史因由:在理论发展语境中,中国式现代化道路验证了马克思世界历史思想的生命力,拓展了马克思世界历史思想的理论阐释视域;在实践发展语境中,中国式现代化道路推动了世界历史发展格局的更新和演变,拓展了世界历史的实践议题。就此而言,世界历史是分析中国式现代化道路形成发展的不可或缺视角,近代以来被动卷入世界历史构成解释中国式现代化道路形成发展的历史因由。就近代中华民族探索现代化建设的外部因素来看,资本主义在世界范围内型构起了从属关系,资本主义在西方工业文明与东方农耕文明、城市文明与乡村文明之间确立了从属关系,将世界分成了主导和从属两大阵营。从中国式现代化道路形成发展的政治因素来看,处于半殖民地半封建社会的中华民族没有独立自主发展权力,难以获得开展现代化建设的政治保障,被动卷入世界历史的中国沦为资本主义生产体系的附属。此外还需要关注的是,近代中华民族现代化探索,特别是旧民主主义革命时期缺乏有组织和领导能力的主体因素,难以汇集全国4万万人民群众的磅礴力量,上述共同构成了以世界历史解释中国式现代化道路形成发展的历史因由。

第一节　外部因素:资本主义确立世界范围的从属关系

马克思考察资本主义及其世界历史转向的目的和意义,为分析未来理想社会现代化提供了理论坐标。就人类现代化形成发展与世界历史形成发展的互动关系来看,资本主义现代化与世界历史存在同构性,资本主义按照资本增殖意志主导并塑造了世界历史发展进程,建立起了服务资本在全球获利的生产分工体系。在此基础上,资本主义建立起了全球范围内的城市对乡村、工业对农业、文明对半文明的从属关系,世界各地的生产资源和市场都成为支撑资本主义扩张的空间。借助资本全球布展过程，资本主义将其生产方式的内在矛盾转移到了发展中国家，由此世界范围内兴起了扬弃资本主义的社会主义运动，这构成了研究中国式现代化道路的宏大历史背景和现实场域。资本全球扩张将资本主义生产方式复制到世界各地的前提是，资产阶级通过革命确立了资产阶级性质的政权，彻底终结了封建特权的君主、神权和土地贵族维系的旧的、前现代的社会形态。就此而言，资本主义现代化在权力博弈层面属于资本逻辑打破封建特权逻辑的过程，世界其他民族国家现代化进程是资本逻辑打破和战胜民族国家特权逻辑的过程。中国式现代化道路形成发展的外部因素是资本全球扩张将中国纳入资本主义分工体系，是以资本逻辑对冲特权逻辑的历史过程。

一、资本逻辑对冲特权逻辑：世界历史与现代化的权力本质

　　21世纪的学者们主要用全球化范畴来分析超出民族主权边界的世界政治经济发展问题，而全球化是20世纪七八十年代兴起的范畴。在全球化兴起之前，世界历史是学者们主要用以分析国际政治和经济问题的核心概念。在马克思主义经典作家视域中，世界历史是分析资本主义和人类现代化绕不过去的理论范畴。毫无疑问，中华民族现代化进程与资本主义世界历史扩张存在紧密关联逻辑，没有被动卷入世界历史进程，中华民族的现代化进程开端还要延后。马克思在考察分析资本主义现代化全球扩展、推动民族历史向世界历史转换过程时，不仅关注到了东方社会发展的现实境遇，而且思考和阐释了中国如何走向现代化以及走向什么样现代化的问题。资本全球扩张形成的世界历史进程，在客观效果层面是推动世界各民族实现现代化的过程，只不过这种外部推动的现代化给广大发展中国家带来了深重灾难。马克思研判了世界历史对东方社会现代化的影响，揭示了资本主义对

东方落后民族国家造成的深重灾难。在资本权力对冲特权过程中,现代性的绝对权力战胜了前现代的封建特权,资本主义确立了对全世界的绝对统治,近代中华民族被动卷入世界历史进程是对东方落后国家被迫服从资本主义生产历史事实的反映。

(一)资本权力与世界历史的开辟

在历史发展必然性层面认识世界历史,必须充分把握资本主义比封建主义具有更强大生产力发展水平的事实。正是借助生产力的领先性,资产阶级获得了对封建阶级的代替,封建特权逻辑被置换成了资本政治逻辑。资本主义现代化就是资本主义生产方式建构起的社会发展形态,资本主义主导的世界历史是先进工业生产方式取代落后农业生产方式,并引发其他民族国家社会深刻变革的历史过程。大工业生产方式不仅在资本主义国家内部获得了强大改造能力,而且其产品深刻影响了世界其他国家的生产活动,如大工业生产的廉价棉布打破了中国、印度等国家对传统土布的依赖,即资本主义以领先的生产方式冲击了地域性、民族性的生产方式,将原本局限在西欧诸国的工业生产方式和建构在工业生产方式基础上的思想文化输入世界各地,各个民族国家日益成为紧密联系的整体,个体和民族存在获得了世界历史存在的意义。

资本逻辑在全球复制扩张的前提是,资产阶级以新型社会革命终结了封建特权的社会形态。资本主义代替封建主义不仅呈现出时间意义上的历史延续,而且推动了人类社会从孤立民族发展到世界历史的转向,即资本主义不仅开辟了其现代化历史,而且开辟了世界历史进程。[①]资本主义的世界

---

① 陈培永、喻春曦:《重思马克思恩格斯对近代中国开端的唯物史观洞察》,《浙江工商大学学报》,2022年第6期。

历史伴随着血腥的殖民扩张，生产相对落后的国家和民族都被纳入资本主义分工体系。在资本主义全球扩张初期，东西方之间呈现的是西方殖民掠夺东方落后国家，东方落后国家从属于西方资本主义阵营局面。不同国家在资本主义分工体系中的位置和角色不同，率先实现现代化的资本主义国家凭借领先的生产力主要从事工业生产和商品销售角色，相对落后的国家和地区主要为资本主义分工提供原材料和市场。美洲地区主要为资本主义生产体系提供原材料，中国、印度等依然处于封建生产方式为主的地区主要是工业商品的倾销地和农副产品的原材料供应地，世界格局总体表面呈现出的是东方国家对西方国家的从属，深层实质是农业生产方式对工业生产方式的从属。需要进一步指明的是，资本主义全球扩张并不仅仅表现为经济层面的商品和资本，在此基础上还推动了其他民族国家政治、经济、文化等方面的变革，这一点深刻地表现在近代中国的现代化进程中。马克思据此评析了资本主义瓦解中国封建社会秩序的种种表现，廉价工业产品的输入瓦解了自给自足的小农生产形态，摧毁了封建社会生产方式的经济基础，建立在封建土地所有制基础上的生产生活方式趋向瓦解。在鸦片贸易的催生下，金钱关系进一步瓦解了血缘宗法结构，官员腐败、赋税繁重，农民阶级爆发起义战争，传统封建伦理秩序的社会根基在不断被抽离和瓦解。封建清王朝在与资本主义的交锋中逐步走向了解体，枪炮打破了天朝帝国的隔绝状态，帝国体制瓦解与新兴社会诞生成为同样不可避免的历史趋势。

马克思关注和分析中国现实问题，实际上看到了资本主义主导世界历史进程对中国的影响，他深层关注的是资本逻辑扩张与现代社会延展的同一性。资本主义现代化进入中国必然会面临来自清王朝统治阶层的抵制和反抗，与此同时这必然会加速推动中国走向现代化、走向资本主义主导的世界历史进程。作为人类社会历史发展的必然趋势，中华民族无法抗拒世界历史发展潮流。马克思关注近代中国命运的原因在于，世界历史的出场与资本权力的全球扩张存在紧密关联,资本的全球扩张最终是否会造成吞噬资本主义的后果亟待获得理论说明。近代中国被动卷入世界历史进程,实际是被动开展现代化建设的进程,这一进程是资本主义生产方式全球布展的必然,与资本主义主导的世界历史存在强关联逻辑。

(二)世界历史与全球范围内从属关系的确立

资本主义在全球范围内寻求剩余劳动价值的来源,建立为资本增殖服务的全球分工体系。以此为基础,资本主义将原本在国内城市与乡村的从属关系复制拓展到了世界各地,形成了半文明开化民族对文明民族的从属关系、东方对西方的从属关系。资本主义全球扩张开启的世界历史进程与国内资本主义生产方式的确立是历史同构的,而世界历史的形成与全球范围内的从属关系确立是历史同构的。资本主义将生产方式复刻到世界各地的过程,实际就是按照资本增殖逻辑将资本权力布展到世界各地的过程。资本全球扩张将整个世界分化成了以资本增殖为中心的资本主义国家和以贫困积累为中心的发展中国家和地区。东方落后国家主要承担原材料供应和商品倾销角色,由此形成了与资本主义国家的从属关系。

事实上,马克思以资本主义世界历史为坐标系,描摹出了全球具有从属关系的经济架构。工业生产方式处于中心位置,农业生产方式处于边缘位置,两种生产方式之间的交换和贸易极为不平等。资本主义凭借历史积累优势盘剥相对落后的国家和地区,这种不平等的贸易格局从资本主义诞生初期延续至今。资产阶级按照资本增殖意志创造了世界历史,建立了维系资本增殖的国际分工交换体系。资本主义生产方式扩张到世界各地,既实现了资本增殖获利,也在历史发展走势上为发展中国家和地区提供了发展机会。上述层面的从属关系主要是国家之间的经济结构,在全球经济分工基础上还确立了资产阶级和无产阶级之间的经济结构和关系,全球范围内的无产阶级与资本主义国家内部的资产阶级形成了尖锐对立矛盾。马克思抓住了资本主义全球扩张的事实，阐释了人类缘何从孤立民族历史到世界历史的发展进程，描述了以资本主义全球分工为基础的中心和边缘结构，揭示了以资本增殖为轴心的从属关系，为走向理想社会提供了指导理论。19世纪末20世纪初资本主义进入垄断阶段，帝国主义理论成为分析全球从属关系的新理论。帝国主义国家和殖民地、半殖民地之间形成了二元对立的分工格局，前者凭借经济和政治强力掠夺原材料和劳动力，获得了高额剩余劳动价值，后者承受着极为残酷严苛的剥削。帝国主义是列宁用以批判垄断资本主义的理论体系，揭示了缘何巨量财富流向少数帝国主义国家的深层原因。帝国主义时期，处于全球资本主义分工体系外围的国家，因分工地位的不平等源源不断地将剩余劳动价值输送到了中心国家，以此资本主义获得了资本强势输出的物质基础，经济全球化进程加速，世界一切能被资本主义发掘剩余劳动价值的地区都被瓜分殆尽。资本主义在地理空间语境中获得了最大边界支持，在分工从属关系驱动下，世界各国剩余劳动价值为资本主义国家维系国内工人阶级的贵族化生活提供了物质基础。

　　二战结束以来，全球化进程进一步加速，资本主义不平等分工结构进一步固化，世界范围内形成了"中心-外围"结构，发展中国家依附发达资本主义国家、世界体系明显划分为中心和边缘两部分。在殖民地和半殖民地国家获得民族独立发展、终结殖民状态之后，经济发展并没有走向现代化的富强之路，他们在与资本主义经济体系交往过程中依然呈现出明显的依附特性。若干理论工作者以马克思全球分工理论为指导，将二战结束后发展中国家对发达资本主义国家的依附提炼为"中心-外围"结构，并在此基础上提出了依附理论。帝国主义主要立足垄断资本主义国家的扩张进程，阐释了资本主义对全球的统治，帝国主义论内在隐含了作为中心的资本主义和作为附庸的发展中国家。比帝国主义更为明显的依附理论，实际就是发展中国家依赖"中心-外围"结构的理论阐释。依附理论启发任何外围国家要实现现代化必须先与资本主义脱钩,以完成内部的经济和社会现代化变革,否则难以获得真正的经济独立,更难实现现代化预期。"中心-外围"依附结构没有改变经济层面的从属关系,广大发展中国家现代化发展外部环境恶劣。在依附性贸易和分工进程中,财富被披着"合法"外衣的资本主义国家最大程度地占有,发展中国家经济在贫困边缘徘徊,一旦遇到经济发展波动就将陷入更大困境。沃勒斯坦为解释资本主义国家与发展中国家的依附关系,将世界划分为中心和边缘结构,同时在二者中间还进行了半边缘化角色界定。世界体系的中心位置与边缘国家存在融入和边缘的关系,选择主动融入世界历史进程和分工体系的国家可能会在世界分工体系中占据一定有利位置,而边缘化的国家则由于世界历史进程扩张的被动介入,只能依附资本主义中心国家维持发展空间。

(三)资本增殖、世界历史与中国现代化的关系

资本并不是资本主义社会的专属范畴,在前现代社会同样存在古老的商业资本,只有进入资本生产关系占据主导地位的社会形态,资本才获得了上层建筑的加持,这样的社会才被称为资本主义社会。与封建社会相比,资本主义大工业生产方式的最显著特征是生产力的解放和发展,人类获得了比以往历史更强大的改造自然和物质生产能力,因此一般意义上的现代化理论从生产力发展出发将资本主义界定为现代社会,将资本主义之前的社会形态称为前现代社会。与其他配置资源投入再生产机制相比,资本能够最大程度占有剩余劳动价值并投入再生产领域,由此使得社会物质生产系统持续处于快速扩张状态。资本最大程度占有剩余劳动的秉性被马克思提炼为资本增殖逻辑,无剩余不追求的资本增殖是资本主义社会的核心逻辑。得益于资本增殖逻辑,以资本生产关系为轴心资本主义现代化进程得以快速推进,同时资本主义跨越国界将生产关系复制到世界各地,由此结束了民族中心历史、开辟了世界历史。作为配置生产要素和资源的核心,资本建构起了服务自身最大程度占有剩余劳动价值的社会形态;作为上层建筑的资本主义制度、作为意识形态的消费主义文化,资本建构起了维系资本增殖的现代社会运转的基础,为创设资本主义文明景观、推动人类现代化建设做出了卓越历史贡献。换言之,为维系资本增殖逻辑,资产阶级通过各式各样的活动建构起了维护自身获取剩余劳动价值的合法社会形态,而这种社会形态得以建立和推广的过程就是现代化过程。资本无剩余不追求的本性催生了现代化过程、建构了资本主义现代社会,在此基础上,资本主义超越地理和主权边界限制,进一步推动了人类历史的世界转向。诚如诸位学者的解释,资本增殖推动的世界历史是不以任何个体和民族意志为转移的客观发展趋势,东方落后国家同样需要顺应世界历史发展趋势探索现代化建设,因此世界历史是中国式现代化道路形成发展的外部因素。资本主义打破民族国家地理边界和民族主权的种种限制,目的在于为资本获得超额剩余价值扫清限制因素、廓清前进道路。为将全世界民族国家有效纳入服务资本主义扩张的轨道,资本主义建立了全球分工体系。凭借领先的技术、资本等历史积累,资本主义将广大发展中国家框定在生产分工体系的最低端,而广大发展中国家为了获得发展机会又不得不服从于资本主义分工体系的框定。更为尖锐的是,一旦出现反抗将面对来自资本主义无情的血腥的枪炮镇压,资本主义对发展中国家的关系是支配和从属关系。依赖这种不对等的从属关系,资本主义获得了主导世界历史、主宰全球化进程的权力。这是近代中华民族被迫打开国门,进入世界市场的外部因素,也是解释中华民族启动现代化进程的核心依据。

资本主义对全球的支配目的在通过商贸获取来自全球市场的剩余劳动价值,因此全球从属关系并不是简简单单实现的,其生成过程伴随着残酷的武装殖民和血腥的屠戮。尽管资本主义全球化在客观层面推动了世界历史进程的形成发展,为人类建立更先进生产关系做出了贡献,但这并不能遮蔽其对世界各民族造成的严重创伤和深重灾难。近代中国遭遇的一次又一次殖民战争,给中华民族带来了深重灾难。半殖民地半封建社会民众难以获得生存发展空间的悲惨境遇,深刻验证了资本主义对全球市场从属关系的建构指向及其后果的负面性。综合上述,资本逻辑以最活跃最强劲的动力建构起了有助于自身增殖的现代社会,凭借资本主义开辟了维系自身扩张的世界历史进程,形塑了有利于自身生存发展的从属关系,这是中华民族开展现代化的外部环境,是解释中国式现代化历史开端的核心论据。正是赖于对资本增殖逻辑蕴含的非正义性批判,中国式现代化道路形成了"要资本,不要资本主义"的鲜明价值逻辑和实践取向。①

二、血腥殖民裹挟世界贸易:中国卷入资本全球扩张的实质

资本全球扩张并不是简单的对外经济输出,资本向世界各地扩展需要物质载体支持,那么资本究竟是以什么样的方式拓展全球市场的呢? 马克思以大量鲜活案例论证了资本全球扩张、拓展市场的进程,为剖析中国卷入世界历史、卷入资本主义全球分工体系的实质提供了依据。资本主义为最大程度从全球市场获取剩余劳动价值,必然会竭尽一切手段推动世界范围内的贸易形成,而其他民族国家并不会主动参与资本主义全球化进程,由此战争成为推动世界贸易形成发展的重要手段。纵览资本主义全球扩张进程,贸易始终是其在全球开拓市场的第一选择,自由贸易是资本主义全球扩

---

① 胡博成、朱忆天:《超越资本主义文明"幻象":中国式现代化道路的根本指向和价值旨归》,《经济学家》,2022年第8期。

张的惯用旗号。马克思深刻揭示了资本主义倡导自由贸易的本质是资本增殖,一旦出现不利于资本增殖的局面,自由贸易就成了被抛弃的对象。应该说自由贸易并不是资本主义全球扩张关注的重点,或者说资本主义毫不在意其是否存在自由贸易规则,自由贸易是资本主义作为世界贸易一方维护自身稳赢、躺赢的遮羞布,只要资本主义需要贸易就必须获得盈利,所谓的自由贸易实际上要实现的是资本自由的、无休止的扩张增殖,是用以指责、质疑其他民族国家拒绝贸易的旗号。为实现贸易,资本主义必然会突破法律和道德的约束,以不道德、不仁义的活动维护自身经济权益,血腥殖民活动中裹挟的贸易是近代中国卷入世界市场的深层本质。

(一)鸦片与战争:中国被迫卷入世界历史的两种形式

不论资本主义国家在全球化进程中提出何种口号、采用何种行动策略,其都改变不了资本主义试图在全球市场中最大程度获取剩余劳动价值的目的。如某个民族国家没有剩余劳动空间,资本主义绝不会耗费时间精力、更不会竭尽全力地占有其市场。基于获利的目的预期,资本会想尽一切办法打破阻碍世界贸易实现的壁垒,没有贸易条件会创造贸易条件、扩大贸易规模和频次,同时只要能提升贸易水平甚至毫不顾忌法律和道德约束。资本主义运用贸易获利的行为方式生动地体现在近代中国的发展进程中,只要自由贸易影响获利就不会顾及道德仁义,战争就会登上历史舞台。

在与中国进行贸易初期,英国采用的是和平的、纯粹经济活动的贸易,但中国自给自足的小农经济模式几乎不需要廉价且数量庞大的工业产品。相反,中国生产的茶叶、丝绸等广受西方市场欢迎。与此同时,清王朝的帝国心态也不允许大规模开埠贸易。无论是时间、地点、规模还是频次都极大地限制了中英贸易,贸易逆差严重挫伤了"日不落"帝国的优越感,沉重打击了资产阶级试图通过贸易获利的预期。为改变这种不利于英国的贸易局面,英国采用了不道德的鸦片贸易形式。英国在印度大面积种植鸦片并输送到中国市场,这很快改变了他们在中英贸易中的不利地位,实现了贸易顺差。为规避中国对鸦片的查禁,英国充分发挥印度的中介作用,以鸦片垄断形式维护鸦片贸易的独占地位。实际上,鸦片贸易进一步揭示了所谓自由贸易的垄断实质,所谓的贸易自由实际是为实现有助于资本获利服务的幌子。尽管非法的鸦片贸易让英国获得了贸易顺差,但其并没有解决工业商品销售问题,中国市场不可能同时购买鸦片和工业产品。英国资产阶级对中国的贸易陷入了两难境地:工业品销售与鸦片贸易之间存在对立关系,仅靠工业品销售难以获得贸易顺差;仅靠鸦片贸易难以推广和拓展工业产品市场。换句话说,鸦片贸易改变了英国贸易的被动局面,但并没有打开工业产品销售市场,工业产品滞销严重影响了英国资产阶级强劲的获利需求。

鸦片源源不断地输入中国,深刻改变了中国经济社会运转结构,白银大量外流、百姓身心健康受到严重影响。为挽救深陷鸦片荼毒的百姓、改变白银外流局面,清政府决定禁烟。这影响了英国政府对华鸦片贸易获利预期,由此维系资本扩张的另一种手段——战争登上了历史舞台。英国用大炮轰开了中国的关口,强制打开了天朝上邦的国门。鸦片战争的爆发,彻底将英国在贸易中遮遮掩掩的强权本质呈现出来,原本在贸易中保留的所谓平等、自由都是虚假表象,以强权签订不平等条约、赔款等才是其本质。即资本主义国家只有在自身贸易能够最大程度获利的时候,才会强调所谓的贸易自由。相反,一旦贸易遇到阻碍就会通过战争手段来推进贸易,以血腥武力掠夺来加快贸易获利速度,将原本自由平等的贸易变为强力掠夺。只要动乱和纷争能给资本主义带来利润,资本主义就会发动战争,而毫不顾忌所谓的道德和正义。资本主义贸易和战争本质一样,都是以强权为基础服务于资本增殖的手段,只要有利于资本主义获得剩余劳动价值,资本主义就会采用一切或合法或非法的手段去贯彻落实。以此反观鸦片战争以来的不平等条约,可以深刻理解,只要有利于掠夺经济财富,资本主义毫不顾忌所谓的道义和价值。鸦片战争为资本主义在华攫取剩余劳动价值提供了极大便利,通过不平等条约,资本主义获得了通航贸易、政策倾斜等最大程度获利的条件支持。通商口岸的开辟保证并巩固了工业产品的销售,同时鸦片贸易在战争的护佑下获得了合法化、制度化维护。鸦片战争以来的种种迹象表明,资本主义国家对中国的战争性质发生了变化,战争成为掠夺物质财富最快捷的手段。这一点与农业时代的战争存在本质差异,农业时代的战争主要是获得疆土、掠夺财富,资本主义战争目的不是简单地掠夺财富,它是要用火力冲破、打碎一切阻碍获得财富的障碍,最终要实现的是掌控关键资源和市场。在某种程度上掠夺与战争属于异词同义的范畴,即人类进入资本主义社会以来,掠夺成为连接在资本增殖逻辑层面上的本性,只要能实现增殖所谓合法与否、暴利与否都无关紧要。

鸦片和战争是近代中国被动卷入世界历史的两种形式,其深层实际反映了资本主义对中国市场的强烈需求。在一般的贸易手段难以实现打开中国市场并获得剩余劳动价值预期的情况下,英国只能转向非正常手段的鸦片贸易和非正义的战争手段。当时英国是资本主义国家工业化程度比较高的国家,其发展的基础建立在掠夺和剥削基础上,"羊吃人运动"以及遍布全球的殖民地说明了英国资本主义发展的物质来源基础。为巩固英国在世界历史进程中的领先地位,它需要利用各种形式在东方开辟势力范围,以此保证资本主义工业生产的原材料供应和商品销售的渠道畅通,而绝非民族资产阶级所预期的在中国建立强大的资本主义国家。一旦中国出现统一的资本主义政权,势必会在世界市场形成与英国的抗衡,进而影响英国获利的局面。美国独立战争实际就是对这一点的现实反映,英国只有最大限度地将势力范围变成可以操控的殖民地,才能实现资本增殖利益的最大化。表面来看,鸦片和战争是中国卷入世界历史进程的两种形式,本质是资本主义主导的世界历史对中国市场寄予的期待,以非道德、暴力形式打开中国市场的外部表现。

(二)贸易与利润:中国被迫参与世界生产分工的意图

战争和贸易实质是为资本获得利益服务的。尽管在资本增殖逻辑中,战争是获得暴利的抓手,但战争并不能经常实现预期。用迦太基式的方式还是用罗马式的方式,取决于资本主义获取剩余劳动价值的实际需要,一旦同时使用迦太基和罗马方式获取剩余价值就会导致相互冲突的内在矛盾。原因在正常的贸易形式需要稳定的社会环境,一旦发动战争就会影响市场预期和贸易进程。这就是说,贸易本身蕴含了反对战争的基因。而为了扩大贸易规模和进程,需要借助战争来推进,由此生成的动乱因素会阻滞正常贸易的实现。

英国对中国进行战争的目的是扩大贸易、获取利益,实际结果却是鸦片贸易的大规模增长对正常贸易的损害,即战争后果背离了发动战争拓展商品市场的贸易需求。英国迫切希望通过新的战争实现商业诉求,打开中国市场。为进一步扩大其商品在中国的市场规模,英国借口清政府的关隘设置发动了以清除贸易阻碍为指向的第二次战争。与战争获利预期相反,第二次鸦片战争同样陷入了商业贸易的恶性循环,新通商口岸并没有成为理想的商业中心,正常的工业品销售依然难在中国获得市场。尽管贸易和战争之间存在矛盾冲突,但并不妨碍资本扩张进程中交替使用这两种手段。时至今日,资本主义国家在全球市场中依然沿袭了以贸易和战争获取利润的手段。21世纪资本主义生产方式和资本获利本性依然未发生改变,贸易和战争手段拥有存续的社会基础,这昭示着世界历史并不是资本主义吹捧的自由贸易与和平发展,而是始终处于战争威胁环境下的进程。只有在贸易有利于资本主义获取剩余劳动价值的时候,自由贸易最有利于资本实现增殖扩张的时候，贸易才会成为最优选择，资本主义国家才会大力倡导所谓的自由竞争和对外开放，由此才会形成进一步发展的全球化过程。一旦贸易出现不利于资本主义全球获利的因素，就会通过设置贸易壁垒等举措掀起贸易保护主义，甚至在贸易处于弱势或者不顺畅的时候，还会挑起相关利益方开展战争甚至直接参战。究其根源在于资本主义以获取利润为唯一目的，只要能最大限度占有剩余劳动价值实现资本增殖，战争或者自由贸易都是手段，只要能获利可以鼓励战争也可以反对战争。上述关于贸易、战争和利润的论述，为近代中国被动参与全球分工提供了分析框架。

资本逻辑在中国的扩张，一方面为资本主义现代化提供了物质财富，维系了资本主义文明景观；另一方面，给广大中国民众带来了深重灾难，进一步促进了中国的革命形势的纵深化发展。其中太平天国运动正是基于这样的背景，被马克思称为革命的运动。在分析中国革命和革命形势发展时，马克思还用"两极相连"剖析了中国革命对欧洲革命带来的影响，肯定了中国革命运动在世界社会主义发展进程中的价值意义。事实上，中国革命对欧洲革命的直接影响，主要体现在中国革命对世界历史发展进程和世界市场贸易的影响方面。英国部分工业产品销售和原材料获取需要依赖中国市场，一旦中国发生革命，势必会影响英国工业生产的稳定持续发展，由此会引发导致英国革命的经济危机。无论是战争还是革命，只要不触及英国工业发展需要的市场空间，英国就不会爆发符合世界历史潮流的无产阶级革命。当然，中国被纳入世界市场带来的影响，特别是对欧洲革命和世界社会主义的影响，是英国资产阶级没有预料到的。作为外部介入中华民族发展进程的力量，资本主义进入中国特别是对中国经济社会发展带来的双重影响，是解释中华民族如何走向现代化及走向何种现代化的关键因素。资本增殖逻辑打破了封建特权逻辑的统治，将中华民族变为半殖民地半封建社会，实现了以特定政治形态为资本增殖服务的目的。资本增殖深度介入中华民族现代化发展进程,为解释中华民族何以走向现代化提供了外部因素和客观现实支撑。

第二节　政治因素:封建社会内部政权结构的急剧分化

中华民族近代以来被动卷入世界历史并参与世界分工的遭遇,揭示了资本主义现代化得以形成发展的历史和现实基础。只有最大限度地从其他民族国家和地区获得剩余劳动价值,资本主义才能维持自身的现代化建设,这是解释缘何资本主义将近代中华民族纳入世界分工体系的深层根源。为挽救中华民族于危亡之际,地主阶级、农民阶级和资产阶级都进行了积极抗争,由于一系列因素制约,他们的抗争并未能真正挽救近代中国。究其深层原因,清王朝政府在资本主义殖民活动中,逐渐失去了政治层面的独立自主性。清王朝政府成为资本主义在中国的代言人,与资本主义一同剥削压榨中国人民,这是解释缘何中华民族走向具有社会主义定向现代化的政治因素。

中华民族被动卷入世界历史深刻改变了近代中国政权结构,深刻影响了中华民族的现代化选择和走向。两次鸦片战争结束以来,资本主义列强入侵中国的领域在持续扩大,西方思想文化迅速传入、中国经济社会结构发生了深刻变化,封建地主阶级政治力量和自给自足小农经济发生了剧烈变化,由此出现了各种试图挽救危亡、追求富强的思想运动和革命抗争。其中影响最显著的太平天国运动和洋务运动,它们使得原本统一的封建社会内部形成了若干派别的分化。同时在此基础上,还形成了代表世界历史发展方向的新兴政治力量——无产阶级。对近代中国社会发展演进产生较大影响的有地主阶级内部的经世致用派、太平天国运动以及洋务运动,这些派别的形成发展反映了中国从封建社会到半殖民地半封建社会急剧变化,以早期的现代化探索精神和现代化建设为中国式现代化道路的历史出场积淀了有利条件。

一、鸦片战争以后经世致用派的兴起及影响

经世致用是中国儒家学派的重要思想分支,对中国经济社会发展产生了重要影响。在社会稳定繁荣时经世派属于潜隐力量,而在社会不稳定时经世派会逐步活跃起来。清中后期特别是道光年间以后,资本主义携带鸦片和利用战争、以坚船利炮强力打破了中国闭关锁国状态、打开了中国国门,中华民族面临着千年未有之变局。同时清王朝内部腐朽不堪,社会矛盾日益尖锐,内忧外患共同推动了知识分子的觉醒。士大夫群体关注到了社会发生的剧烈变化,复杂时局激发了他们以满腹经纶拯救国家的愿景。道光年间经世之学兴起,以龚自珍为代表的士大夫群体掀起了引经致用风潮。根据不完全统计,经世致用思想家有着极为复杂的身份来源,有在朝官员,也有乡野士子,尽管他们身份存在较大差异,但他们为挽救中华民族的思考是一致的。经世致用派关注的领域和思考的主题,反映了世界历史进程中清王朝政治领域出现的急剧变化。

一是揭露并批判社会现实的种种问题。鸦片战争前清王朝已经开始走向衰落,针砭时弊、批判现实成为有责任担当士大夫群体的关注焦点。面对政治层面吏治腐败、上下其手遮掩粉饰太平盛世的局面,经世致用派揭示了封建王权刚柔并济来维护封建专制统治的实质,希望通过对官僚统治的鞭挞来获得社会发展的升级与活力。面对经济层面土地兼并严重的社会问题,社会贫富分化成为士大夫群体深度关注和回应的现实问题。此外,经世致用派还对科举制度、社会风气等方面进行了批判,寄希望于统治阶层通过改革来推进社会发展。二是倡导变革和实学共同推进。批判社会现实的目

的在于变革重塑社会，为此经世致用派对清王朝积弊甚久的吏治、军备、漕运、盐政等提出了变革要求。同时为更好地服务于社会变革需要，经世致用派倡导做与现实有关的学问，创建和开辟了学术经世的道路。经世之学成为一门独立的学问，他们在相关文献编纂过程中，着重讨论了技术性的经验方案，特别注意凸显学术的实用性和治学的当代性，致力于用经学解决重大事务、改善民生。在史学研究领域，他们要求进行既凸显当务之急的重大主题研究，也凸显史学经世的现实使命，一改史学重视训诂、重视考证的传统。三是高度重视对国外风土人情的关注。鸦片战争前夕，林则徐等前瞻性提出需要关注国外的相关情况，认为要制衡外国必须先关注外国的相关情况。

鸦片战争爆发前，经世学派主要关注的是清王朝积弊甚久的漕运、河政以及边疆治理等，他们的终极指向是救济天下、改变王朝的衰落境遇，讲求实用、实效是他们的核心行动策略和原则。需要指出，经世致用学派并没有超出传统儒家思想条框的限制，难以脱离传统经世学派的窠臼。经过鸦片战争枪炮与鲜血的洗礼后，经世学派对硝烟战火有了更为深刻的认识，资本主义国家是超过经世学派历史经验的，是生产力发展更为领先的全新世界。在与西方器物的比较中，中华民族难以获得优势，特别是武器装备的落后进一步激发了经世学派的省思。中华民族要追赶西方资本主义国家，要在追求富强进程中缩小与西方国家的差距，只靠中华民族历史经验是远远不够的，需要同时兼顾使用"古时丹"和"外来药"。在深刻总结反思鸦片战争失败和相对充分了解国外发展形势基础上，经世学派认为要战胜外夷，必须学习他们的坚船利炮，"师夷长技以制夷"。经世学派作为近代中国最先了解西方、学习西方的国人，深刻践行了经世学派迈向现实、讲求实效的原则。在鸦片战争的刺激下，经世致用学派勇于承认近代中国的种种不足，以学习西方、制衡西方为出发点，形成了系列关于研究世界历史和学习西方的著作，中国知识分子群体掀起竞相追求了解和学习海外知识的热潮。

在经世致用学派的推动下,传统知识分子不屑一顾的"夷务"成为显学,这为改善近代中国国计民生做出了重要理论和实践贡献。就经世学派的核心观点来看,它们关注的核心议题不仅涵盖了传统的经学、史学内容,而且还注入了西方诸多学术观点和内容,真正实现了传统经世学派在近代的发展和创新,由此为洋务运动和近代新学兴起积淀了理论基础。鸦片战争对近代中国发展产生了深远影响,经世之学的近代转型顺应了世界历史发展潮流,为中华民族开眼看世界提供了思想指引。还需要正视的是,作为从封闭环境中走出的传统知识分子,经世学派并没有做好充分思想准备,也缺少对外来新思想资源创新转化基础,这决定了他们在新知识传播过程中不可避免地掺杂了各种传统守旧认知。尽管他们主张向资本主义学习,在客观层面激发了国人对西方器物的关注,但对于向西方学习什么、如何学习并没有做出深刻思考,这影响了中华民族对西方资本主义国家的深度学习和借鉴。总体而言,作为鸦片战争以来中华民族传统文化向世界历史方向发展的过渡桥梁和中介,经世学派的探索为中华民族传统知识结构的创新发展指明了方向,为近代中华民族文化现代转型提供了关键环节。

二、太平天国运动及对封建专制制度的冲击

太平天国运动在近代中国发展历史上占有极为重要地位,它既是中国封建社会历史上规模最大的农民运动,也反映了世界历史与近代中国的交融发展事实。从客观层面来说,太平天国运动的爆发是中华民族被动卷入世界历史的产物。不同于传统农民起义运动,太平天国运动以从理想到实践的设计,以崭新的制度构想,为改变封建专制制度对农民和中国社会发展的束缚做出了重要贡献,冲击了腐朽清王朝的政治权威和政治秩序,加速了中华民族的世界历史转向。与其他抗争运动相比,太平天国运动对清王朝

和封建专制制度的冲击是最为猛烈的,以持续时间最长的农民抗争摧毁了清王朝的军事根基,撼动了维系封建专制统治的政治秩序。洪秀全提出男女平等、消除私利的主张以及《天朝田亩制度》都是对如何建构新型社会秩序的探索,也是对维系封建专制制度政治秩序的最大否定。遗憾的是,尽管太平天国对清王朝封建专制统治的政治力量和秩序带来了较大冲击,但它并未建立崭新的社会秩序。总体而言,太平天国运动深刻影响了近代中国的政治格局,对清王朝的中央和地方关系、清朝贵族和汉族地主之间的关系演变起到了推动作用。太平天国运动秉承着异国宗教思想揭竿起义,就此而言,它的发展起源与世界历史存在直接关系。以曾国藩为代表的政治力量与太平天国运动进行了剧烈抗争,太平天国运动覆灭表面上起到了维护清王朝专制统治的作用,实际上孕育了更大的危机,即地方汉族地主阶级崛起与官僚阶层内部分化严重,这成为清王朝封建专制统治走向终结的"致命稻草",加速了中华民族现代化的转型。

一是在平定太平天国运动过程中,地方武装和汉族军队崛起。传统地方统治依靠的是官方和非官方共治,保甲制作为官方控制地方的主要制度,在维护治安和征收赋税方面发挥了关键作用,地方其他方面的治理主要有非官方的士绅维持。士绅家族治理地方的基础,建设乡村发展秩序的力量来自儒家规范和家族地位,这是长期以来皇权不下县的社会治理基础。需要指出,中央和地方的治理合作有着赖以生存发展的两个要件,中央政府必须足够强大,同时地方政府利益得到中央的保护。鸦片战争爆发以来,特别是在太平天国运动打击下,清王朝中央政权的权威被严重削弱,中央不具有保全地方利益的能力,地方自我保护形成了地方军事组织,而且这种军事组织具有独立于中央政府的趋势。太平天国运动的发展加快了地方军事武装的发展壮大,清王朝的八旗、绿营军队难以形成军事战斗力,地方士绅为获得自我保护能力纷纷建立了保护地方利益的武装力量。或者依靠家族支持或者依靠地方势力,地方士绅建立了各式各样的地方团练。清王朝原本始终对地方武装持有高度警惕的姿态,但由于太平天国运动兴起,难以有精力顾及地方保护和团练发展现实,由此放任了地方武装组织的发展。随着地方军事力量的发展壮大,清政府以团练大臣名义加强对地方团练的控制,曾国藩是团练大臣之一。曾国藩在回湖南操练的团练过程中发现地方军事组织有种种难以协调的弊端,为加强与太平天国的抗衡,建立了新式地方军队——湘军。

地方军事力量的崛起深度改变了清王朝的统治秩序,扩大了地方士绅在晚清政治发展格局中的影响和作用。地方军事力量彻底改变了清政府在地方靠官方和非官方共同治理的结构,非官方的地方军事力量成为地方治理主体,地方治理在清政府治理结构中出现了失序状态。地方士绅的军事自卫与地方军事合法化连接在一起,太平天国运动以后地方军事演化为地方政治结构的一部分,严重削弱了来自中央政府的权威。地方军事力量为地方稳定发展提供了保障,但由于各地之间的军事相互独立及中央权威的消散,中国乡村秩序进入动荡不安的状态。

二是地方军政专权和官僚阶层内部分化严重。在清王朝的封建专制统治体系中,君主权力是至高无上的,皇帝对中央官员和地方督抚具有直接任免权。地方官员设置相互监督牵制的总督和巡抚职位,高于巡抚的总督并不能管辖督抚,地方要事必须上报皇帝决断。总督主管军事、巡抚主管行政,布政司主管财政、按察使主管司法,地方政府官员在相互监督相互牵制中接受来自皇帝的管理,以此中央获得了对地方的统治。问题在太平天国运动以后,清王朝军政实权都落入了地方汉族地主手中,部分地方督抚改变了中央对地方的限制,将财政、人事等大权集中在一身,以此获得对战争所需物资和军队的调配。显然,在与太平天国运动的抗争中,掌权的地方督抚建立了战功,将原本不合法的战时地方督抚权力进行了合法化配置,清王朝中央彻底失去了对地方的控制权,湘军集团和淮军集团正是对这一事实的反映。湘军出湖南对抗太平天国,演化成为清王朝维护统治的依赖力量。当太平天国打破江南大营时,清王朝授权曾国藩统辖苏、浙、皖、赣四省军队,湘军统帅成为东南各省的最高长官,地方政府官员向专权迈出了重要一步。为了便于作战,曾国藩向清王朝举荐了大批湘军将领担任要职,地方军事集团得以巩固。太平天国覆灭后,地方政权与中央政府的关系并没有改变,地方专权进一步加剧,如张之洞、李鸿章等地方政府大员成为晚清政府赖以生存发展的实力派。

军事化专权必然会带来官僚阶层的分化与重组,地方汉族地主阶级的崛起打破了满汉之间达成的历史平衡。尽管清王朝建立政权后任用汉族知识分子治理国家,但满族贵族对汉族知识分子的猜忌不断,满汉之间的矛盾并没有缓解。在近代内忧外患局势下,清王朝的满汉关系得到缓解,一大批汉族地主跃升为高级官僚,曾国藩、左宗棠等都是这一时期获得重用的汉族官僚,由此导致地方军事集团与官僚集团的紧密结合。汉族官僚集团崛起冲击了清王朝的政治格局,汉族地方军政力量冲击了中央集权,唤醒了沉浸已久的汉族主义,激化了汉族与满族贵族的矛盾。确切地说,汉族官员的崛起冲击了清王朝的中央权力,加速了洋务运动和洋务派的形成。当然这一时期地方官僚主义的兴起还对辛亥革命产生了影响,各省督抚纷纷独立加速瓦解了清王朝的专制统治。就太平天国运动本身的形成发展来看,被动卷入世界历史是外部诱因,在内外交困因素叠加推动下,清王朝的封建统治秩序和统治结构急剧变化,加速推进了近代中华民族与世界历史发展趋势的关联。

三、洋务运动和洋务派的历史探索及影响

近代农民运动的抗争与第二次鸦片战争是推动洋务运动发展的重要原因，农民运动一度占据了清王朝的半壁江山，鸦片战争时期英法联军一路北上攻占了北京，这加速了地主阶级对现代化的反思。处于水深火热状态下的清王朝开始思考，如何在阶级矛盾和民族矛盾交织的复杂进程中谋求生存发展。在主流知识分子和官僚看来，抵御外侮是中华民族发展的首要前提。镇压太平天国的汉族官僚和中央主政的恭亲王奕䜣都认为应该学习西方，获得抵御外侮的器物和技艺。据此洋务派可以分成两派，一是从事洋务运动的官僚集团，另一是忧国忧民的地主阶级先进知识分子。洋务运动的官僚集团与经世派之间存在紧密关联，如曾国藩、李鸿章等都是经世派的典型代表，他们为解除清王朝统治危机发挥了知识分子的经世才能。在解除了太平天国运动对清王朝带来的冲击和危机后，他们与掌握实权的官僚群体建构了洋务官僚集团，既是主办宣传洋务的倡导者，也是推动洋务运动的主体力量。需要指出的是，在洋务运动的推动力量中，还有一大批开明的地主阶级知识分子参与。这些具有先见卓识的知识分子，不仅继承了魏源开眼看世界、"师夷制夷"思想，而且在新的社会环境中进一步发展了向资本主义国家学习的思想主张，推动了中华民族与世界历史的互动。不同社会地位的洋务派对洋务产生了具有差异性的认识。

一是提出要立足千古变局，充分认识和把握实现富强的发展机遇。变局论是洋务派对世界历史发展形势的深刻认识，这种时局观念诞生于第一次鸦片战争、强化于第二次鸦片战争。不论是洋务派官僚李鸿章倡导观察时局变化优化军事建设，还是洋务派地主知识分子倡导从历史发展和对外交往学习角度认识发展变局，都体现了洋务派对世界历史发展形势和格局

变化的清醒认识。在世界历史发展新形势下，中华民族要退回闭关锁国状态不再具有现实可能性。中国与世界关系已经真正实现了从隔绝向交融状态的跃升，从封闭状态到纵深商贸往来。洋务派从中国参与世界历史的客观形势出发，分析了中华民族实现自身发展的利弊条件，只要充分把握利害关系就有机会实现富强。洋务派认为资本主义与中国的贸易往来，给中国提供了重要学习效仿机会，同时各列强国家相互钳制给中国提供了难得的发展空间，这是洋务派提出自强的出发点。洋务派着眼于中国与世界的互动发展关系，提出要充分利用大变局实现中国富强发展，蕴含了宝贵的自主发展意识和趁势奋发精神，为民族资产阶级形成发展奠定了重要历史基础。

二是全面效仿西方列强器物，希望获得与西方国家抗衡的社会基础。自强、求富是洋务派学习西方器物的目标指向，他们认为只要学习到西方社会的先进技术就可以改变中华民族落后挨打局面，就能够拯救清王朝于危局之中。具有先见意识的洋务知识分子放眼世界，看到资本主义国家强盛的基础在拥有先进的军事和科学技术，由此学习军事技术、创办军工企业成为洋务派的重心。学习西方器物技术特别是军事技术，是洋务派希望学习西方以实现自强的体现。冯桂芬系统论证了学习西方以实现自强的合理合法性，他特别重视对器物和技术的学习，即通过学习西方以实现制衡西方是洋务派倡导洋务运动的落脚点。在学习西方器物技术基础上，洋务派逐渐认识到军事强大不足以实现与资本主义国家抗衡，资本主义还拥有强大的社会财富基础，这就是后来他们提出求富口号的动因。洋务派在追求自强的过程中深刻认识到资本主义工商业，是支撑资本主义强大的物质基础，中国要实现真正的强大还需要以工商业求富，在洋务运动后期形成了各式各样的商业发展方案，这对中国资本主义工商业发展起到了正向推进作用。在追求自强求富历史过程中，洋务派还着眼世界发展趋势改革教育制度，为洋务运动选拔培养了可造之才。兴办洋务，必然需要适应洋务的技术人才。

为进一步推动教育制度改革，洋务运动揭示了科举八股考试的弊端，提出要根据中国社会发展需要优化教育制度，并在中国掀起了兴办新学堂的高潮。

从世界历史发展角度看，不论是洋务派的主张还是洋务派的探索都对中华民族走向现代化、走向世界历史具有重要意义。尽管作为清王朝统治阶级内部的自救运动，洋务运动有着自身不可避免的阶级局限性，这场没有触动腐朽封建制度的救亡运动注定失败；但是洋务派及洋务运动的探索在客观层面顺应了世界历史发展潮流，将中国发展向前推进了一大步，真正推进了中华民族的现代化进程，为民族资产阶级改革派和革命派的形成发展奠定了重要历史基础。

四、封建社会政治结构变化与中国式现代化

封建社会内部政治结构的急剧变化，反映了中华民族被动参与世界历史进程后政治领域的现实变化，表征了近代中国走向现代社会的内在必然性。封建社会内部的变化特别是统治阶级和知识分子的抗争，不仅没有挽救近代中华民族落后挨打的危亡境遇，而且对中华民族深陷半殖民地半封建社会毫无回击能力。地主阶级对近代中华民族被动挨打局面的无力反抗，是民族资产阶级及无产阶级接力参与救亡运动的历史和事实基础。就中国式现代化道路形成发展的早期政治因素来看，封建社会内部的急剧变化及相关探索深刻说明，不改变政治制度、单纯依靠模仿资本主义实现封建社会自我救赎不具有任何历史和现实可能性，这为中华民族走向新民主主义—社会主义定向的现代化道路提供了历史支撑，为顺应世界历史潮流走向社会主义提供了历史镜鉴。

从大历史观来看，封建社会政治结构的变化与近代中国社会性质变化进程是合二为一的，封建社会内部既没有诞生出能够拯救自身的领导政治

力量,也没有触及能改变中国落后挨打局面的封建专制制度。与此同时,近代中国在一次次的对外抗争中逐渐失去了发展的独立自主性,半殖民地半封建社会成为近代中华民族探索现代化建设必须直面的客观现实。换言之,任何未深度触及中国近代社会形态变化的救亡运动都注定没有结局,这一点同样深刻反映在地主阶级、农民阶级和民族资产阶级的救亡运动中。封建社会内部政治结构的急剧变化,在客观层面打破了封建社会的传统天下观、价值观,为资本主义生产方式和价值理念的产生传播打开了思想缺口,推动了近代中国社会向现代的转型发展。值得肯定的是,在封建社会内部剧烈变化的基础上,特别是资本主义在通商口岸设厂和洋务运动的推动下,中华民族内部生成了日益强大且具有思想觉悟的无产阶级群体,近代中国的现代化探索获得了最关键的主体力量,由此推进了中华民族现代化建设与世界历史发展潮流的融合。

近代中华民族的现代化探索肇始于被动卷入世界历史进程,资本主义的强势介入使得封建社会政治结构的急剧变化,推动了中华民族的现代化探索进程,但由于旧民主主义革命时期的革命领导力量和革命目标并未触及世界历史潮流对中华民族现代化的内在规定,因此他们的抗争和探索并未改变近代中国落后挨打的局面。俄国十月革命为中国先进知识分子提供了马克思主义,由此中华民族的现代化获得了与世界历史的深层关联。世界社会主义运动的蓬勃发展构成了中华民族现代化探索的客观历史发展潮流和趋势,不顺应世界历史发展的最新趋势,中华民族就难以实现民族独立,更难以获得在东方落后国家开展现代化建设的资源和环境。面对封建社会内部政治结构的剧烈变化及各社会阶级的无效抗争,先进知识分子进行了深刻的反思,为探索新的现代化建设澄清了思想前提。五四运动以后中国无产阶级登上历史舞台,中华民族现代化获得了新的革命主体和领导力量,这真正改变了旧民主主义革命的性质、任务和前景,凝聚起了广大劳动人民的力量,改变了一盘散沙式的革命局面。

第三节 主体因素:全国一盘散沙难以汇聚磅礴力量

近代中国是被西方资本主义坚船利炮拖入世界历史发展进程的,封建社会内部农民阶级、地主阶级抗争无效的根源,在于中华民族并未形成能够汇聚全国人民力量的领导核心,作为革命主体力量的——劳动人民群众呈现一盘散沙式的状态。腐朽的清王朝在与世界历史的纵深交往过程中逐渐失去了独立自主性,中华民族要在世界历史进程中摆脱资本主义的压迫、实现独立富强,需要内部产生坚强的领导核心并全面汇聚起最广大人民群众的力量。近代以来救亡图存的社会各阶级认为要实现独立富强的现代化离不开向资本主义国家学习,在不触及近代中国落后制度根源的洋务运动失败后,资产阶级改良派和革命派相继登上救亡图存的历史舞台。戊戌变法试图效仿英国君主立宪制实现现代化,在封建反动势力围剿中只存在了103天;辛亥革命试图效仿资本主义现代化道路挽救中国,尽管它结束了封建专制制度,但它给中国带来的并不是资本主义现代化,而是军阀割据的积贫积弱乱局。

剖析近代中国难以实现现代化的根源,在近代中国试图挽救中华民族危亡境地的阶级自身难以实现组织化,同时他们都忽视了对广大人民群众实际发展需要的关注,忽视了对资本主义国家有意识维持中华民族四分五裂状态的关注,导致全国革命力量以局部为中心、呈现一盘散沙式的状态,难以汇聚成建设现代化的磅礴力量。

一、世界历史与近代中国抗争无果的根源解释

近代中国地主阶级、农民阶级、资产阶级抗争并没有改变落后挨打局面是我们值得深思的,如果说地主阶级和农民阶级失败原因在其并未触及封建专制制度根源,那么如何解释资产阶级的救亡运动的失败原因呢? 用马克思唯物史观来分析,可以进一步把握旧民主主义革命救亡图存失败的根源,即人民群众的历史主体地位被遮蔽了,资本主义试图控制中国并源源不断获取剩余劳动价值的意图被忽视了,地主阶级、资产阶级甚至还在革命中幻想着资本主义国家能参与中国革命乃至拯救中国危局。就近代中华民族的现实遭遇来看,各阶级抗争无果的根源在世界历史对近代中国从属地位的严格框定。一方面,近代被动打开国门后,中华民族在世界历史进程中处于从属地位,中国统治阶级难以摆脱列强、实现中华民族发展的自我主张。另一方面,被动打开国门带来的压力迅速传给统治阶层,他们对任何能够推动社会发展变革、影响统治基础的变革,皆保持着高度的警惕。

(一)追求富强现代化的探索缺失独立自主性

自鸦片战争被迫打开国门参与世界历史进程以来,中华民族就失去了追求富强现代化的独立自主性。西方资本主义国家进入中国获得利益、维护利益的手段是凭借枪炮强力来签署一个个不平等条约,一次又一次的巨额赔款使得近代中国统治阶级形成了对资本主义的严重经济依赖,统治阶级逐渐沦为资本主义在华利益代言人。巨额赔款严重超出清王朝的财政支付能力,清政府只能向资本主义借债来满足资本主义国家掠夺财富的要求。近代以来,统治者在经济层面对资本主义的严重依赖关系,意味着中华民族追求富强现代化缺失了独立自主性,而且这种缺失的独立性伴随着现代化

探索的始终。需要进一步指出，在半殖民地半封建社会形态中，统治者始终从属于资本主义国家，其在与帝国主义列强利益分配中形成了统治劳动人民的共同体，任何追求现代化的抗争，一旦威胁到封建主义和资本主义利益，就会面临残酷的镇压，因此近代中华民族并不具有独立自主追求现代化建设的机会和可能性。

世界历史形成发展的经济原因在于，资本主义在全球寻找并占有剩余劳动价值，这实现了各民族孤立发展向世界历史发展的转向。资本主义为实现获利目的，借助枪炮和殖民政策强行打开相对落后地区的民族国家市场，按照资本增殖意志在全世界建立起了服务于资本主义获利的分工体系。为让世界其他民族国家服从资本意志，资本主义通过殖民运动建构起了一整套服务于资本增殖的政治、经济、文化体系，最大限度地控制了殖民地，最大可能地压制了殖民地人民群众的反抗，以此实现了对殖民地的全过程全方位控制。如同上文所述，鸦片战争以来资本主义国家为打开和占有中国市场，以合法的商品倾销和非法的鸦片贸易共同推进的形式，希冀最大限度实现获利目的。由于封建小农经济的强势自给自足，资本主义工业产品很难短时间内在中国市场实现资本获益的目的。为进一步打开中国市场，资本主义国家直接借助武力入侵，强制要求清政府割地赔款。在这个过程中，资本主义获得了比售卖商品实现资本增殖更为轻松快捷占有中国市场和物质财富的机会。为满足一次又一次的赔款要求，近代中国政府只能向资本主义列强国家借贷，由此导致中国不仅在分工体系中从属于资本主义，而且在政治和经济层面彻底沦为资本主义附庸国家。与此同时，为迎合资本主义从中国市场获得剩余劳动价值的需要，近代中国政府以高压专制和残酷手段维持统治：一方面，最大程度地搜刮民脂民膏，以各式各样的税收和厘金压榨普通人民群众；另一方面，通过抵押、出卖关税主权等来偿还赔款和借贷，中国完全失去了独立自主发展经济的社会基础。从客观层面来说，近代中国政府对资本主义的依赖,是资本主义世界历史按照资本增殖意志塑造和建构的,是符合资本主义世界历史进程为资本增殖服务规律的。即近代中华民族失去追求富强现代化的独立自主性,是资本主义世界历史进程内含的规定。

资本主义要从中国市场最大限度地获得利润,需要通过各种手段将原本独立的政权塑造为资本增殖的服务傀儡,唯有如此,资本主义才能实现对中国市场的全面掌控。中华民族追求现代化的独立自主性缺失是资本主义世界历史内设的前提,只有通过殖民战争抽离、去除中华民族现代化发展的独立自主性,资本主义才能获得对中国市场的操控,才能实现自身利益的最大化。就此,旧民主主义革命一再失败的根源得到了系统深刻的解释,资本主义与国内反动派势力的合谋是造成农民阶级、地主阶级、资产阶级抗争失败的根源,只要威胁到资本主义从中国市场获利,资本主义都会以各式各样的形式来干预,那种寄希望于资本主义能够支援中国革命斗争或维护现有政府诉求的愿景是不具有现实可能性的幻想。近代中国革命形势要得到根本性变革或者要真正获得发展的独立自主性,必须打破资本主义对近代中国的宰治,即实现政治独立和经济发展是历史同构的,没有独立作为前提的革命抗争和现代化探索不仅无助于,而且也绝不可能改变中华民族历史命运,同时这也进一步验证了新民主主义革命及无产阶级登上历史舞台的历史和理论必然性,论证了中国共产党和社会主义救中国的正当性和正义性。

(二)维护专制统治的反动派势力强大且顽固

作为天朝上邦,清王朝对打开国门充满了高度警惕,任何变革或抗争都处于严密的监控中,可能会利用有利自身统治的变革,但一旦出现不利局面就会残酷镇压,义和团运动的遭遇深刻说明了这一点。封建地主统治阶层对任何可能影响其政治权威和统治都保持着最高的警觉,他们希望能够在大变局中继续维系腐朽的封建专制制度。就人类社会历史发展规律来看，人类走向现代化必然会形成对封建专制制度的全面扬弃。清王朝为避免其统治被推翻，始终保持着对社会变革和革命发展动向的高度警觉。马克思关注到了封建统治者的最后疯狂，以木乃伊与空气相遇为例，论述了英国大炮破坏清王朝权威及瓦解中国社会发展基础的必然性。事实确实如此，清王朝统治者越担心来自社会各领域的权威挑战，就越会加强专制统治，甚至希望借助高压政策来为封建专制制度续命。就此而言，清王朝统治者是决不会支持和推进中华民族实现社会变革的，与此相反，一旦中国社会内部的变革对专制统治产生威胁，清王朝就会毫不犹豫地进行镇压甚至屠杀。戊戌变法运动、义和团运动被镇压的事实，深刻说明了维护封建专制制度反动势力的强大和顽固。

鸦片战争以后中华民族被动参与世界历史进程，深刻影响和改变了近代中国的政治格局。封建统治阶级内部政治力量分化现象明显，以经世派、洋务派为代表的地主阶级试图通过自我改革来挽救封建专制制度，获得了一大批知识分子和开明人士的支持，为中华民族走向现代化做了先期探索；而以慈禧为代表的顽固派则穷尽一切力量试图维护封建专制制度现状，对任何变革和革命运动都保持警惕态度，通过变法失败和义和团被镇压足以窥见这一派力量的强大和顽固。维护封建制度的反动势力并不能改变封建专制制度走向历史消亡的必然性，其对社会变革的敌视和镇压只能暂时延缓被扬弃到历史渣滓堆的进程。反动势力对近代以来资本主义国家对封建统治的冲击深感无力，为进一步维护封建专制统治，反动势力逐渐沦为资本主义在中国攫取劳动价值的帮凶和走狗，这是近代中国半殖民地半封建社会形成的深层原因，也是社会各阶级接力进行抗争无果的社会根源。穷凶极恶的封建反动势力通过镇压人民群众革命和抗争活动，短时间内缓和了封建统治的内外交困局面，实际是与社会历史发展方向背道而行的荒诞行为。辩证审视封建反动势力与资本主义列强联合对中国革命的镇压,可以发现其在客观层面促进了人民群众对封建专制制度的认识,为更大范围更深层次的革命斗争解放了思想。

新民主主义革命时期,顽固的封建地主阶级与官僚资本主义结合,形成了新的维护国民党一党专政统治的反动势力。就这一时期的反动势力来看,国民党依然沿袭了清王朝反动势力、充当资本主义帮凶的角色,完全不顾中国人民群众的实际发展诉求。为实现反动统治阶级利益诉求,一切政策都围绕官僚资本主义的利益需要,不顾人民生产生活实际需求,长期进行内战,严重影响了中国经济社会的正常发展、干扰了人民群众的正常生活诉求。国民党的顽固性主要表现在两个层面:对内推行苛捐杂税、打压异己、倡导战争,实施文化禁锢政策,对进步势力和人士进行监视、恐吓、暗杀等;对外受半殖民地社会形态影响,为保证自身利益,一味迎合帝国主义在华利益诉求,充当资本主义在华利益代言人,严重侵犯了中华民族的独立发展权益。

不论是中华民族追求独立富强的现代化缺失独立自主性,还是反动势力与帝国主义结合的顽固强大,实际都说明了近代中华民族抵御外侮、开展现代化建设主体力量的不足。旧民主主义革命最大的问题是没有能够担纲的领导主体,没有哪个社会阶层能够透过重重迷雾触及世界历史发展潮流确立历史自觉和历史主动,由此严重滞缓了中华民族追求独立富强的现代化进程。更为尖锐化的问题在于,作为历史创造者和社会变革决定性力量的人民群众被湮没在了现代化探索的历史迷雾中,人民群众力量的分散化,严重削弱了近代中国革命和现代化探索进程。

二、人民群众的伟力与全国一盘散沙局面

马克思以唯物史观揭示了人民群众在社会历史发展进程中的决定性作用，为走向未来理想社会指明了主体力量来源。近代以来中华民族的历史遭遇说明，中华民族要实现自身现代化就必须激活广大人民群众的力量，以取得反抗侵略战争的胜利和民族独立，这是近代以来革命抗争的鲜明主题。由于被动卷入世界历史进程，统治阶层沦为西方资本主义国家在中国的利益代言者和帮凶，他们对人民群众的觉悟和抗争处于高度警惕状态，人民群众有任何风吹草动都会被最短时间内发现乃至镇压下去，人民群众在历史发展进程中的积极能动作用被遮蔽了。造成这种局面的深层原因有两个：一是旧民主主义革命缺少强大领导核心，难以真正组织起全国人民力量争取民族独立和国家富强；二是由于帝国主义出于最大程度获利的意图，将中国瓜分为若干势力范围，资本主义以四分五裂状态控制和维系中国，严重削弱了全国人民统一团结抵御外侮的社会基础。

（一）旧民主主义革命缺少强大领导核心

旧民主主义革命之所以被冠之以"旧"，原因就在于其各社会阶级并没有意识到顺应中国社会和世界历史发展潮流，他们的抗争没有真正触及制约近代中国发展的封建专制制度。基于上述，旧民主主义革命时期社会统治者畸形依附资本主义，同时各阶级都存在自身软弱性、妥协性，这直接导致旧民主主义革命时期缺少坚强的领导核心来组织和开展革命斗争，分化了旧民主主义革命时期的抗争力量。近代中国统治阶层崇洋媚外，无底线地迎合资本主义国家在华利益，严重影响了中国社会的可持续发展。为维护统治阶级利益，对相关革命活动保持高压态势，以柔性和刚性结合的方式

分化革命群体力量,解构了革命阶级的有效组织和领导核心。换言之,只要没有触及封建专制制度,没有触及帝国主义对中华民族的殖民,革命活动就不具有可能实现成功的空间和机会。

如果没有鸦片战争的被动卷入世界历史,按照人类社会演进发展的一般规律,中国社会也会或早或晚地实现从封建社会向资本主义社会的转变。问题恰恰发生在中国社会并没有按照一般社会演进形态演化,来自中国发展之外的世界历史因素打断了近代中国社会正常发展过程,由此中国卷入世界历史并开启了中华民族现代化探索历程。中华民族的现代化与旧民主主义革命抗争是历史同构的,农民阶级、地主阶级以及民族资产阶级通过各自抗争活动推动了近代中国的现代化发展进程。旧民主主义革命开端和形成发展的现实基础来自鸦片战争对封建社会的冲击及产生的负面影响,这一历史阶段的革命力量主要是农民阶级、地主阶级以及刚刚形成发展的资产阶级。农民阶级长期浸润在小农经济环境中,只要能获得农业生产领域的回报,就容易陷入自我满足的弊端;同时农民阶级长期受到封建地主阶级经济、政治和文化层面的奴役和禁锢,难以在取得进步时进一步开拓进取。即由于农民阶级在生产力和生产关系层面不具有先进性,农民阶级的变革行动和抗争吁求不可能维持较长时间,更难以作为领导核心来领导其他社会阶级开展社会变革。太平天国运动是中国封建社会农民运动持续时间最长的农民运动,它的形成发展沉重打击了封建统治阶级,但由于农民阶级自身的局限性,太平天国运动中后期主要领导人生活奢靡、内部纷争不断,严重削弱了农民运动的抗争能力。尽管太平天国运动提出了诸多具有创新意义的理论构想和实践措施,但他们并没有摆脱农民阶级容易自我满足的弊病,没有考虑到中国社会发展现实和世界历史走向,也没有考虑到其他社会阶级利益,由此加速了这次农民运动的消亡。

地主阶级是封建社会的统治阶级,其推动社会变革的动力和目的在维护封建地主阶级专制统治。作为不触动封建专制统治的行动力量,地主阶级先后通过洋务运动和立宪制改革探索,试图挽救中华民族落后挨打的命运,以延缓封建专制制度的存续时间。在资本主义将近代中国纳入世界历史进程以来,地主阶级认识到必须采取措施拯救封建社会,问题在于他们维护自身阶级利益的局限性,忽视了封建专制制度已经被人类现代化所抛弃的现实。无论是洋务运动还是立宪制改革,地主阶级是绝不可能触及封建专制制度的,因此他们的救亡图存运动无法获得实质性突破。同时由于地主阶级将农民阶级视为统治对象,将民族资产阶级视为阶级敌人,这内在逻辑决定了地主阶级也不可能担任起旧民主主义领导阶级。而作为资本主义在华投资和洋务运动催生出的民族资产阶级,其阶级发育不成熟,经济基础和实力不强,对帝国主义和封建地主阶级具有明显的依附特征。在戊戌变法和辛亥革命中,民族资产阶级对封建地主阶级和帝国主义存在过多幻想,由此导致其在行动策略和纲领层面一味妥协,最终革命成果被窃取。对世界历史发展进程而言,资产阶级革命抗争具有历史进步性和正义性,有效助推了中华民族现代化进程,但由于民族资产阶级的软弱性和妥协性,同时限于其对中国社会矛盾和现实把握的偏离,其同样难成为旧民主主义革命的领导核心。

旧民主主义革命时期,无论是哪一社会阶级的抗争都没有洞悉到历史唯物主义视野中的人民群众,由此内在决定了其革命性质,同时这也是解释旧民主主义革命难以挽救近代中国落后挨打局面的根本原因。帝国主义为最大程度从中国攫取剩余劳动价值,以分而治之策略分化中国民众。作为进行革命抗争的社会阶级没有意识到如何团结人民、如何建立坚强领导核心问题,反而对帝国主义充满幻想,这是导致旧民主主义革命难以取得实质突破、中华民族难以走出种种发展困境的深层根源。

(二)全国人民群众处于一盘散沙状态

资本主义全球化进程对其他民族国家惯用的手段是战争,而在战争武力征服基础上他们还会采用宗教渗透、历史虚无、文化贬斥等手段巩固对其他民族国家的殖民统治。为将世界上最大的剩余劳动价值来源地的中国牢牢掌控在资本主义生产体系中,资本主义阵营在对中国采用分而治之策略方面达成了高度一致的认识。资本主义各国围绕自身发展实际对中国进行了殖民范围和势力的划分,晚清时期著名的"时局图"正是对资本主义分化治理中国现实的反映。马克思批判了资本主义在殖民中国过程中采用的伪善面孔,揭示了他们为了商业利益发动战争并愚弄中国人民的丑恶行径。在一定意义上,鸦片成为衡量中国是否具有主权、是否能够一致对外的关键标志,资本主义用鸦片来挑衅中国主权、愚弄中国民众,一旦中国政府要对鸦片进行限制而制定政策时,资本主义国家就会要求近代中国政府妥协。如果中国政府不退让,资本主义国家就会诉诸武力来获得更大的利益。在这个过程中,资本主义往往借助编造的虚假信息、夸大的事件以及别有用心的分化来实现利益最大化。特别是第二次工业革命爆发以来,德国、俄国、日本等国家建立了工业体系,与传统的资本主义国家英国、法国、美国等一起迈入垄断资本主义时期,在全世界范围内掀起了瓜分殖民地的狂潮。中国作为世界最大剩余劳动价值来源地,同时由于政治、经济等方面的落后,沦为了资本主义国家的瓜分对象。需要指出的是,不同资本主义国家在中国有着不同势力范围,同时他们也有着不同的支持对象,这是导致中国难以汇集众力,长期处于军阀混战的外部诱因。

帝国主义对中国采取的分而治之与共同治理是协同并进的,近代中国统治阶层是帝国主义在华代言人,是维系帝国主义在华利益的共同基础。清政府作为名义上的中国政府实际是"洋人朝廷",北洋政府和南京政府名

义上是民主政府,实际是帝国主义扶持的不具有独立自主性的傀儡。北洋
政府和南京政府是帝国主义国家共同支配的,不同军阀和不同派别代表了
不同帝国主义国家在华的利益。帝国主义通过傀儡政府来协商和维系他们
内部存在的矛盾和利益冲突,由此加剧了不同军阀和派系的矛盾和冲突。
就此来看,帝国主义通过分治策略成功实现了对中国人民的分化,将原本统
一的民族国家人为分割成了若干个势力范围,表面看起来同属于中华民族
的全国人民在目标指向上是一盘散沙,各自在各自范围内进行松散式、无组
织的抗争,革命阶级难以汇聚起磅礴伟力,更难为民族独立抗争贡献力量。
近代中华民族的现代化发展历程与资本主义发展存在紧密关联,资本主义
瓜分世界的同时加剧了对中国的势力划分和分治。随着殖民程度的不断提
升,资本主义控制和禁锢民众的方式日趋多样,近代中国统治者不愿且不能
反抗来自资本主义的殖民侵略,统治阶级的一味纵容,加剧了资本主义对中
国人民的愚弄和分化治理。由于资本主义体系内部矛盾纠葛,中国近代统
治阶级代表的帝国主义利益是不断发展变化的,中国人民主要抗争对象的
持续变化,进一步掣肘了旧民主主义革命时期中国人民力量的集成。

近代资本主义中断了中国社会的自然发展过程,他们利用内部利益、边
疆矛盾、文化认同等矛盾将中国划分成若干范围,瓦解了原本作为统一国家
人民群众的抗争意识。中国人民对帝国主义抗争的无意识沉沦,叠加中国
民族资本主义发展速度滞缓因素的影响,导致中国逐渐成为依附于资本主
义的边缘国家。从世界历史发展趋势来看,资本主义将中国纳入世界历史
进程是有利于中华民族实现现代化的历史进程的。作为资本主义殖民体系
的组成部分,中华民族被殖民被瓜分是难以激发中华民族同仇敌忾力量的
原因。中华民族变成半殖民地的过程也是开展现代化建设的过程,只不过
这个现代化是资本主义现代化,是以牺牲中国为代价成就资本主义的现代
化。资本主义国家以各种各样的手段分化人民群众集体力量,目的在于将

中国人民物化成资本主义现代化进程的"螺丝钉",从而实现对中华民族剩余劳动价值源源不断的占有和转化。资本主义殖民近代中国、瓦解人民抗争意志的伎俩是高明有效的,全体国民不自觉地失去了对帝国主义的有效抗争。从根源来看,这是资本增殖逻辑对中国人民的有意识分化,也是保障资本主义源源不断从中国持续获利的深层机理。总之,近代中国人民的一盘散沙状态是资本主义有意识维持的局面,这内在规定了旧民主主义革命抗争的无效性,揭示了不触及世界历史的革命和现代化探索失败的根源。中华民族要实现现代化需要破除资本主义对中国发展的框定,必须全面有效激活最广大人民群众的力量,在优先实现民族独立发展基础上,让中华民族在世界历史进程中获得政治独立,只有这样才能真正推进中华民族现代化的纵深发展。

第三章

顺应世界历史:中国式现代化道路的历史主动 ➢➢➢

    旧民主主义革命的无效抗争,进一步激发了先进知识分子探索中华民族现代化的历史主动精神。正当中国人民苦苦思索如何走向现代化而无果的时候,十月革命的炮响为中国送来了先进的马克思主义。旧民主主义革命时期农民阶级、地主阶级、资产阶级都曾围绕救亡图存进行了探索,遗憾的是这些探索都失败了。旧民主主义革命失败的原因是多方面的,就其深层来看是他们没有触及根本、没有把握世界历史发展大势,由此形成了"头疼医头脚疼医脚"式的隔靴搔痒抗争,他们并未对中华民族的现代化进程产生根本影响。尽管孙中山领导的辛亥革命终结了封建专制制度,成功将中华民族带入了现代化进程,但是资本主义现代化道路并不适合中国实际国情,同时其无力改变近代中国半殖民地半封建社会形态,难以带领中国人民争取民族独立和人民解放。孙中山意欲实现中华民族伟大复兴的未竟事业,被把握住世界历史潮流的中国共产党继承并进一步发展了。五四运动以后无产阶级登上中国现代化发展的历史舞台,成为新民主主义革命的坚强领导核心,以此为中华民族现代化提供了具有新民主主义—社会主义历史定向的现代化道路,这深刻改变了中华民族和世界历史发展进程。

就世界历史发展大势而言,垄断资本主义为最大化获得剩余劳动价值无所不用其极,丝毫没有考虑到世界被殖民被压迫民族的实际发展需求,由此在世界范围内形成了尖锐化的对立矛盾。因此列宁在帝国主义论中指出资本主义是垂死的、腐朽的,人类必将通过世界革命走向社会主义。十月革命后一系列社会主义国家诞生,进一步验证了列宁的科学预测,世界历史进入了社会主义与资本主义共存的进阶发展阶段。立足全球政治经济发展现实,洞悉帝国主义的内在本质,顺应世界历史潮流,走向社会主义成为世界历史发展对中华民族现代化演进的内在规定。与此同时,中国人民生活在水深火热中,走向一条能廓清中华民族实现现代化障碍的新道路成为历史必然。在这个过程中,中国社会内部爆发了具有极强代表性的道路论争,社会主义成为当时知识分子和人民群众的优势选择。中国共产党顺应世界历史潮流,为中国式现代化道路的形成发展赋予了历史主动权,中华民族走向了实现伟大复兴的康庄大道。

第一节　内在规定:社会主义是世界历史发展规律必然

十月革命是世界历史进程中具有转折意义的重大历史事件,它以鲜活的案例昭示了人类走向社会主义世界历史的内在必然性。马克思研究资本和资本主义的目的,在为实现人类解放提供思想武器。马克思以深邃的理论解释了资本主义必然被社会主义所取代的必然性,为社会主义革命和建设提供了指导理论。列宁沿着马克思指明的理论预测最先进行了实践,将社会主义从理论应然变成了实践必然,打破了资本主义一统世界的局面,并以此全面推进了资本主义世界历史向社会主义世界历史的纵深发展。就中华民族现代化发展的历史和现实境遇来看,十月革命为中华民族探索现代化起到了道标作用,五四运动开辟了中华民族实现现代化的新民主主义革命时代,由此中华民族获得了与世界历史内在关联的必然性。

一、帝国主义的腐朽性与十月革命爆发

资本主义要竭尽全力占有剩余劳动价值,必然会通过垄断来获取高额利润,因而资本主义在19世纪末20世纪初走向帝国主义符合资本主义生产方式的内在规律。帝国主义阶段资本主义的典型特征表现在两个层面,在国内形成了对特定行业的集中和垄断,在国际实现了对整个世界的殖民划分和占有,由此帝国主义国家实现了对国内民众和世界其他民族人民的强度剥削,这种剥削严重背离了文明社会应具有的道德底线和法律规范。在广大亚非拉国家和地区,帝国主义直接以武力开辟市场、直接以枪炮强力占有剩余劳动价值,严重侵犯了这些地区劳动人民群众的生命健康权益,给亚非拉国家和民族带来了深重灾难。与此同时,帝国主义阵营内部不同国家之间存在矛盾和利益纠葛,其不可调和的矛盾催生了世界范围内的两次世界大战,严重冲击了世界各国人民群众的和平发展环境。列宁前瞻性地认识到了帝国主义国家内部的种种问题,以帝国主义为世界社会主义运动发展提供了理论和实践指导。当时帝国主义为最大化实现从世界其他民族国家占有剩余劳动,以残酷暴力的武装手段强行占有了其他民族积累的剩余劳动价值。在这个过程中,帝国主义还造成了对其劳动人民生命健康权益的损害,世界其他国家和民族生活在水深火热之中。为了获得一定发展权益,亚非拉国家和地区被迫服从资本增殖意志、参与世界分工,这为帝国主义提供了延缓消亡的速度和空间。在帝国主义内部爆发激烈战争时,俄国率先通过十月革命在帝国主义链条的最薄弱环节打开缺口,在世界历史进程中开辟了社会主义现代化道路。

（一）帝国主义被界定为垂死、腐朽的原因

帝国主义是资本主义社会发展的高级阶段，帝国主义的形成发展实际是资本主义生产关系在全球范围内进行大生产、大交换的必然产物。金融资本以自身利益为轴心建构起了全球商品生产和交换秩序，整个世界命运都被掌控在少数垄断组织手中。作为高度发达且成熟的资本主义生产关系，帝国主义实现了对整个世界的垄断和瓜分，争夺世界霸权以最大程度获得剩余劳动价值成为这一时期资本主义的最核心问题。帝国主义殖民战争及帝国主义阵营内部战争都是垄断资本主义生产关系为实现获利目的驱动的，对殖民地的经济掠夺及对殖民地人民的残酷压榨是帝国主义在国际社会的真实表现。只要资本主义生产关系依然存在，帝国主义就会借助战争形式来实现对落后国家和民族的无情掠夺。实际上帝国主义国家之间的金融资本有着极为不平衡的表现，不同国家在落后国家和民族地区获利能力存在差异，这是帝国主义国家之间爆发战争的根源。

帝国主义形成发展的现实原点在生产资料的集中和垄断，资本主义借助金融资本将社会生产集中在少数资本家和利益集团手中，以此为资本主义获得垄断暴利提供了经济基础；帝国主义形成发展的本质标志是金融寡头实现了对经济发展的暗箱操控，银行和金融成为支配生产资料和市场的关键；帝国主义的运动指向是通过输出资本瓜分全世界，负载在殖民活动中的资本输出建构起了服务于瓜分世界的经济基础。资本主义过剩资本向世界输出为国内产业升级提供了机遇，同时为瓜分全球提供了垄断组织形式。金融资本在资本主义生产过程中发挥着极为特殊的作用，对国际关系和国际格局产生了巨大影响，是建构金融资本殖民和掠夺的经济基础。帝国主义在世界各地的闭环节点反映了资本主义体系的寄生腐朽性，同时帝国主义发展到一定阶段必然会走向自己的对立面，血腥殖民活动进一步显示和暴露了帝国主义的本质。就上述来看,帝国主义实际上是列宁基于资本主义生产关系实际进行的理论分析和研判,全面揭示了帝国主义战争背后的经济根源,并阐明了帝国主义被扬弃的历史必然性。帝国主义的垂死性蕴含在垄断结构中,垄断作为资本主义的最高发展阶段,具有很强的能动性,是一套建构了符合自身发展物质基础的经济系统;垄断最大程度抢占了对生产部门核心资源的支配,实现了与工业资本的合谋,同时也加剧了工业资本和金融资本的矛盾;金融资本依托殖民体系在全球划分殖民范围掠夺剩余劳动价值,惨无人道的殖民活动使得南北、东西之间呈现尖锐的社会矛盾。由此可见,帝国主义的腐朽性、寄生性和垂死性是其内置的、不可回避的本性,它需要经过腐烂状态最终走向历史消亡。

帝国主义的垂死性和腐朽性体现在资本主义对广大殖民地和半殖民地人民生存发展权益的剥夺方面,如只要资本主义能够顺利从发展中国家获取剩余劳动价值,他们就会最大可能地占有一切剩余劳动,而毫不考虑其人民群众的生存发展实际;如不能顺利从发展中国家获取剩余劳动价值,就会通过枪炮殖民的武力形式强力占有,发展中国家劳动人民的生命健康和基本生活需要都难以获得保障。正是看到帝国主义对广大发展中国家生存发展权益的残酷剥夺和侵犯,列宁提出并深刻批判了帝国主义的垂死性和腐朽性。

(二)帝国主义薄弱环节与十月革命的影响

列宁提出帝国主义论的终极目的是在推动无产阶级运动发展,为世界社会主义运动提供理论指导。帝国主义对落后地区的残酷血腥殖民和对国内民众的剥削,以不容置疑的事实彰显了帝国主义作为无产阶级革命前夜征兆的寓意。列宁帝国主义论精准地把握了资本主义的时空定位,为世界无产阶级反抗资本主义、建立社会主义政权提供了科学理论支持。换言之,帝国主义前途命运与无产阶级使命有着深层关联,金融资本与工业资本的联合,必然会加剧资本主义的全球输出,必然会带来世界霸权、争夺市场和扼杀弱小民族问题。帝国主义时期资本主义社会形态的国内和国际矛盾更加尖锐化,走向历史消亡、并为新的社会形态奠基是它的历史使命。在帝国主义国家忙于分赃的世界大战时,列宁领导的俄国社会主义运动成功打开了帝国主义链条上最薄弱环节,以十月革命开创了社会主义历史发展新纪元。十月革命对世界社会主义运动产生了深远影响,其对中国革命和现代化建设的影响尤为明显。

虽然辛亥革命推翻了封建专制制度,但辛亥革命并没有改变中国被帝国主义瓜分的落后挨打局面。就历史发展影响来看,中国先进知识分子充分反思了辛亥革命失败的原因,对中华民族现代化进行了更为深入系统的思考,由此辛亥革命进一步推动了民众对国内形势和国际形势的关注。辛亥革命后中国依然面临较为严峻的发展局面:一方面,帝国主义步步紧逼,意欲将中华民族全然纳入资本主义分工体系,毫不顾及中国人民生活实际;另一方面,国内社会分裂、军阀混战,人民群众生活在极为困顿的环境中。在帝国主义与封建主义的合谋中,占绝大多数人口的农民群体处在生死贫困线上苦苦挣扎。如何挽救中国人民,如何拯救中华民族,成为辛亥革命以后先进知识分子的历史重任。在这种历史和现实影响下,十月革命为中华民族探索现代化提供了全新的选择。十月革命意味着人类世界历史有了新的发展方向,在资本主义国家指责和攻击十月革命时,中国则以最大的热情和最积极的主动融入了十月革命的历史潮流。俄国与中国类似,不仅同样具有东方封建专制历史传统,而且资本主义经济发展水平相对落后。孙中山看到了十月革命给中国革命带来的现实力量和光明前景,在与苏维埃俄国良好互动的基础上,确立了"联俄联共扶助农工"的政策主张。饱受帝国主义欺凌的中国人民找到了正确革命方向,以俄为师走向社会主义成为中华民族顺应世界历史潮流的睿智选择。从毛泽东、瞿秋白等中国共产党领导人的相关论述出发，可以进一步把握十月革命对中国的影响，此时中国知识分子对世界历史的把握已经超出了资本主义范畴，中国革命获得了无产阶级观点、立场和方法，真正走到了世界历史发展前沿。

帝国主义内部并不是铁板一块，不同国家之间存在利益冲突，在发展中国家形成了特定的盲区和空白。东方落后国家俄国资本主义发育并不充分，同时国内封建势力强盛，加上帝国主义忙于世界大战，俄国成为帝国主义的薄弱环节，为无产阶级革命提供了绝佳的优势条件。

二、五四运动与中国人民的历史选择

十月革命为中国革命指明了前进方向，开辟了马克思与中国实际、中华民族文化结合的历史进程。实际上中华民族对马克思主义的认识有着复杂的过程，为拯救中华民族危亡境地，各类社会思潮相继登场，有力推动了中国民众的觉醒，为五四运动的爆发奠定了社会思想基础。如果说20世纪欧洲是各类社会思潮的诞生地，那么中国则是各类思潮的实践检验场。在复杂的社会较量和博弈过程中，五四运动在一系列因素的综合作用下发生了。在五四运动爆发前以"科学""民主"为口号的新文化运动进一步发挥了思想启蒙作用，为1919年五四运动提供了思想基础。五四运动爆发前，中国知识分子已对辛亥革命进行了深刻反思，不能全面发动广大群众的救亡运动不会、也不可能挽救中国。对全体人民进行思想启蒙并投入革命运动，是中华民族革命需要奋进的方向。封建统治者为达成人民群众服从专制统治的目的，借助孔孟之道来愚弄民众。民国初年部分军阀掀起尊孔复古潮流，这些违背历史发展潮流的荒诞举动，严重影响了中国民众的科学和民主思想认知水平。为此，一大批具有担当意识的知识分子掀起了新文化运动，希望借助资本主义文化来拯救中华民族。1915年,陈独秀创办《新青年》杂志,以"科学""民主"揭开了中华民族为实现现代化的思想启蒙序幕。在《敬告青年》一文中,陈独秀痛批了孔家教对中华民族的荼毒,提出必须推倒孔家文化对民众的统治,以文化振兴中华。新文化运动为中华民族实现现代化廓清了思想前提,极大促进了新文化、新价值观念的传播,为马克思主义的传播提供了良好社会土壤。需要指出,新文化运动传播的是资本主义价值观念,此时中国知识分子依然没有想到要对中国社会进行根本性变革。新文化运动尝试通过复制资本主义价值观念,并期望以此推动中华民族现代化的政治和经济建设,这不具有现实可能性。复制价值理念的过程并不能简单推动现代化发展,任何社会发展都离不开实践物质活动,中华民族要实现现代化就必须通过劳动人民的实践活动来推进。

五四运动进一步昭示了中华民族现代化的前进方向,无产阶级登上历史舞台开启了新民主主义革命篇章。作为彻底反对帝国主义和封建主义的民主革命运动,五四运动为中国革命和现代化探索标定了新民主主义—社会主义的历史定向。巴黎和会将德国在中国特权转让给日本,是导致五四运动爆发的直接诱因。巴黎和会实际是帝国主义内部分赃会议,其违背了国际社会基本准则,以生动鲜活的事实加深了国际社会和国内民众对帝国主义本质的认识。十月革命爆发让中国人民深刻认识到了人民群众内部蕴藏的伟大力量,以及军阀割据不应存在的历史必然。巴黎和会则进一步激发了国人对资本主义的认识,资本主义倡导的自由民主背后是血腥的殖民和肮脏的利益分配,中国决不能效仿资本主义,同时资本主义也绝不会允许中国走向资本主义现代化。十月革命贡献了一种新的、超越资本主义的社会学说,为中华民族建构一个更完善的社会提供了理论和实践参考坐标。五四运动的爆发加快了中国先进知识分子对中华民族现代化道路的思考和视域转换,即巴黎和会的屈辱彻底敲醒了中国知识分子对资本主义正义的幻想。寻找一条既不同于封建专制也不同于资本主义的道路，成为辛亥革命后中国精英知识分子苦苦探求的现代化出路，十月革命的炮响引导中国知识分子将信任票投给了马克思主义。五四运动不仅改变了中国历史命运，而且改变了马克思主义在中国的传播路向，将原本小众的、碎片的、局部的马克思主义推向了中华民族追求民族独立和国家富强的历史舞台中央。此时李大钊开始系统介绍和传播马克思主义观点，一大批先进的青年知识分子逐步建立了对马克思主义的理论和道义认同。在这个层面上，五四运动相当于一场思想现代化运动，它以领先世界历史发展潮流的思想全面开启了中华民族的新征程。作为新的革命力量，无产阶级登上了历史舞台，为中华民族实现现代化提供了最强大的主体和动力支持。

就近代以来中华民族追求现代化的探索历程来看，十月革命和五四运动的爆发，成功将马克思主义连接到了争取独立、实现富强的现代化进程，成功将处于落后发展境遇的东方大国推到世界历史发展潮流前沿。自此中华民族的现代化建设内定了社会主义方向，实现了与世界历史发展潮流的内在契合。

第二节　矛盾交织：深陷内外矛盾碰撞的水深火热状态

自被卷入世界历史潮流以来，中华民族面临着历史上前所未有的发展困境和挑战。鸦片战争以来，广大人民群众生活在水深火热之中，同时中国社会主要矛盾出现了新的变化，原本地主阶级和农民阶级之间的矛盾，转化成帝国主义与中华民族、封建主义和人民大众的矛盾。随着半殖民地半封建社会程度的加深，帝国主义和中华民族的矛盾成为近代中国的主要矛盾，特别是在资本主义发动殖民战争时这对矛盾体现得更为明显。需要进一步解释的是，在特殊社会发展环境中，地主阶级与农民阶级矛盾得到了新的发展:一方面,封建土地所有制依然在近代中国经济社会发展过程中起着主要作用,但地主阶级对农民阶级的压迫有了新的表现,民族资本主义的产生及无产阶级的发展壮大,使得近代中国地主阶级和农民阶级矛盾更加复杂化了,封建主义与人民大众的矛盾更为明显;另一方面,近代中国经济结构出现了新的变化,除了封建小农、外国资本主义、民族资本主义经济形态之外,官僚资本主义及后来的新民主主义经济形态,进一步加剧了中华民族内部矛盾的复杂演化形式。就上述社会主要矛盾演化发展来看,中国人民既要面对来自国内封建主义、官僚资本主义的重重压迫,还要面对来自帝国主义的残酷剥削,广大劳动人民处于水深火热状态,稍有天灾人祸就难以获得生存发展空间。换言之,近代中国的广大劳动人民受剥削程度之深世界罕见,选择最彻底的社会主义道路实现现代化,成为近代中国人民顺应世界历史潮流的历史自觉选择。当然也正是这种残酷剥削将广大劳动人民有效聚合到中国共产党领导的旗帜下,以社会存在实现了东方落后大国革命主体的有效社会组织化。

一、帝国主义与中华民族的矛盾

近代外国资本主义进入中国是坚船利炮的先头开路。资本主义武装侵略进入中国的路径,注定了其对中国经济社会的掠夺本性。民族资本主义诞生的社会现实基础是外国资本主义和本国封建主义的联合压迫,这注定了民族资产阶级的软弱性和妥协性。民族资产阶级不具有领导中华民族追求现代化的资格,原因在于外国资本主义对其发展的压制和其本身对外国资本主义的依赖。外国资本主义是近代中华民族面对的最深刻最尖锐的社会矛盾来源,一次又一次的殖民侵略战争实际就是外国资本主义抢夺中国市场、中国人民财富的外部显现。列宁帝国主义论为深化认识外国资本主义与中华民族矛盾提供了理论分析范式，资本主义国家发展到帝国主义阶段必然会通过资本输出来实现财富掠夺。近代中华民族追求现代化的历程，实际上是资本主义在中国榨取剩余价值的历程，近代中华民族抗争史就是一部反抗外国资本主义殖民侵略的历史。与21世纪所谓的新殖民主义、新帝国主义存在本质不同，近代中国面临的是帝国主义建构的依靠政治、经济、文化等方方面面来攫取劳动价值的复合体系，中华民族要追求现代化首先要做的是反对帝国主义、获得民族独立。

　　资本增殖或者资本本性建立在获取超额利润基础上，同时资本确实具有一旦市场过剩就会追寻新的市场空间的动力，这个过程与资本主义国家的对外行动策略存在直接相关性。尽管资本主义在21世纪的对外输出手段和形式出现了一定变化，但马克思和列宁关于资本输出的实质并没有变化。资本主义国家在19世纪80年代向外输出资本的时候，中华民族就开始了对"新时代"的关注，如洋务派的郑观应提出朝野内外要高度重视国家层面的商业战争，要有意识地在国家层面采用各式各样的手段保护本国商业利益。近代中国并没有主动进行对外开放，也没有利用资本主义资本和技术的前瞻意识。尽管洋务运动通过学习西方国家器物，一定程度上推动了中国经济社会的发展，但并没有构成社会经济发展的主流。在《马关条约》签订前，作为大工业生产交通基础的铁路，一直处于较低发展水平：一方面，统治者和民众对铁路存在具有价值偏差的认识，如所谓的风水破坏论调等；另一方面，这一阶段的经济社会没有大规模人流、物流的需要，相关资源和市场并没有得到系统开发，铁路需要承载的经济发展基础尚未形成。在这个层面来说，如果依靠中国国内市场自然发育成熟程度，铁路修建将面临较长历史周期。在《马关条约》签订后，中华民族生存发展境遇面临着来自帝国主义的更大挑战。资本主义借助日本签约获得了直接投资设厂和进出口优惠政策，在极短的几年时间内迅速推动了中国铁路运输行业的发展。同时民族资本主义也参与了铁路修建,以此实现了民族资本主义和物产的快速发展。

资本主义国家介入中国经济社会发展过程,目的在于获得丰厚利润。为保证在华利益的安全,他们派驻了大量军舰和军队等来维护相关人员和财产安全。在1898年和1900年相关政治活动威胁到外交人员和侨民安全时,资本主义派驻中国的军队发挥了重要作用,及时完成了对相关人员的保护。以军事维护资本获利是资本主义国家殖民扩张的重要手段,而为达成这一目的,他们还以租借等手段建立了军事港口,如借助租界香港、澳门等地建立了国中之国,这严重破坏了中华民族维系经济社会发展的独立主权。就近代中华民族遭遇的较大规模入侵战争现实来看,资本主义与中华民族之间存在尖锐矛盾,资本主义意欲最大程度将中国塑造为服务资本增殖的市场,中华民族奋起反抗的目的是要建设独立富强的现代化国家。就二者的实际互动结果来看,只有抗日战争取得了胜利,其他侵略战争都使得中华民族陷入了更为深重的灾难中。

外国资本主义的侵略战争将中华民族束缚在世界分工体系最低端,对劳动人民和国家政权形成了强大压迫。在资本主义入侵中国进程中,他们实现了对近代中国政权的改造,洋人的朝廷、帝国主义的统治工具等都反映了外国资本主义对中华民族的极致压迫。在政治层面,外国资本主义侵占中国领土,先后割占了香港、澳门、台湾、澎湖列岛等国土,破坏了领土和主权的完整性;强行划定各国租界,对遍布主要通商口岸和交通便捷城市的租界享有独立的管辖权,俨然是"国中之国";借助对租界、侵占国土的管辖权,资本主义还获得了领事裁判权,严重削弱和侵犯了中华民族的国家主权。在经济层面,设立银行发行货币,修建铁路等公共交通设施,利用商贸特权进行商品倾销,严重破坏了近代中国经济社会发展的基础。其中值得注意的是,外国资本主义直接掌控了近代中国的海关税收权,以最严重、最尖锐的经济殖民活动造成了农民破产、工业衰颓和财源枯竭,由此进一步加剧了对广大人民群众的剥削和压迫。在文化层面，外国资本主义假借宗教传播、创办学校等输出资本主义价值观，试图以文化逐步瓦解中华民族生存发展的文化根基。尽管近代中国统治阶级和民众对外国资本主义侵略活动进行了抗争，但由于腐朽的社会制度和落后的生产力并没有挽救中华民族危亡境遇，外国资本主义与中华民族之间的尖锐矛盾亟须新的革命领导阶层来化解。

二、封建主义与人民大众的尖锐矛盾

封建地主阶级与农民阶级矛盾是封建社会的主要矛盾。鸦片战争以后，外国资本主义的介入使得地主阶级与农民阶级之间的矛盾发生了新的变化。在外国资本主义和民族资本主义的发展推动下，地主阶级与帝国主义、官僚资本主义合谋，进一步强化了自身阶级力量，原本限于地主阶级和农民阶级之间的矛盾演化成了封建主义和人民大众的社会矛盾。封建主义是近代中华民族救亡图存过程中的关键范畴，对封建主义的认识和理解彰显了不同社会阶层救亡主张的差异。与封建主义与人民大众的尖锐矛盾类似，近代中国社会对封建范畴本身的理解和形成亦具有过程性。运用马克思唯物史观来解析近代中国封建主义与人民大众的矛盾，可以更为深刻理解中华民族现代化面临的深层矛盾。地主阶级与农民阶级的矛盾延续了几千年并没有得到系统缓解，鸦片战争以后两大社会阶级矛盾出现了新的变化。在封建主义和外国资本主义双重压迫下，农民阶级最先通过太平天国运动进行了反抗。在客观层面，农民运动冲击了封建主义统治，推动了近代中国社会的进步和发展，但并没有改变封建主义对人民大众的压迫。地主阶级自我改良的洋务运动，是试图改变被殖民历史面貌的封建统治阶级内部探索。受资本主义影响，洋务派试图借助西方资本主义器物、技术等挽救地主阶级统治的抗争很快失败了。尽管洋务派的失败没有化解封建社会面临的矛盾,但在洋务运动的推动下,中国社会内部酝酿出了新的社会阶级力量,即民族资产阶级和无产阶级在洋务运动中得以形成发展。从原来的农民阶级和地主阶级分化出了新的社会阶级,中国传统的地主阶级和农民阶级矛盾日益复杂化,地主阶级为维护自身统治将新生阶级力量视为威胁统治的不安因素,以各式各样的举措压制资产阶级和无产阶级革命活动。同时随着资本主义入侵程度的提高,封建政权逐渐沦为洋人的朝廷,封建主义为维护自身统治走向了人民群众的对立面,逐渐演化成了最广大人民群众的敌人,由此形成了封建主义与广大人民群众的尖锐矛盾。

在外国资本主义殖民活动的推进过程中,自给自足的小农经济逐渐瓦解,部分农民失去维持自身生存发展的生产资料和生活资料,这些破产的、没有生活基础的农民只能进入城市出卖自身劳动力。与此同时,资本主义在华企业及洋务运动催生的民族资本主义产生了大量劳动力需求,这是无产阶级形成发展的无产阶级基础。基于上述,无产阶级与地主阶级、外国资本主义和民族资产阶级产生了关联,以此可以理解缘何中国劳动人民承受了世界上最严重的压迫。与此同时,在封建专制统治者维护其专政过程中,形成了对资产阶级和无产阶级的高压政策,有任何不利于其统治的变革运动都会遭到残酷剿杀,戊戌变法和义和团运动以历史事实说明了封建主义的反动特性。在近代中国历史发展过程中,地主阶级与农民阶级矛盾演化成封建主义与人民大众的矛盾,有着深刻的历史背景。通过上述分析,可以进一步把握缘何封建主义成为近代中华民族走向现代化的牵绊。如果按照社会形态演进的一般规律,封建地主阶级与农民阶级的矛盾会逐渐转化为资产阶级与地主阶级的矛盾,中华民族最终会进入扬弃封建社会形态的资本主义阶段。问题在于在近代中国经济社会发展变化过程中,地主阶级与农民阶级的矛盾转换,有极为特殊的外国资本主义变量介入,这一变量打破了社会形态的正常演进过程，固化了封建地主阶级维护专制统治的权力，由此推动了全国范围内的封建主义与广大民众的矛盾尖锐化。

就世界历史发展潮流来看，以大工业生产方式为主的资本主义主导了人类社会历史发展，以农耕生产方式为基础的封建主义属于落后的、将要被扬弃的社会形态。在这种背景下，封建统治者为了维护自身专政统治，丝毫不顾及在经济社会发展方面具有领先地位的大工业生产主体力量，更不用说传统的农民阶级，他们逆时代潮流而动，形成了对包括新兴民族资产阶级、无产阶级和农民阶级的高压政策，并以此推动了地主阶级与农民阶级矛盾向封建主义与广大民众矛盾的转化升级。

三、官僚资本主义与人民大众的矛盾

与上述外国资本主义和封建主义不同，官僚资本主义是更为特殊的所有制形式，其形成发展及其危害有着极为特殊的历史时代背景。就历史周期来看，官僚资本主义的形成发展过程并不长；就社会危害程度来看，官僚资本主义严重威胁了民族资产阶级和人民群众的发展，以最为直接的"金圆券"等货币政策直接掠夺了人民群众的物质财富，官僚资本主义与人民大众的矛盾成为社会主要矛盾之一。大革命后期，国民党右派叛变大革命，建立了南京政府。在此基础上，以买办资产阶级为中心逐渐形成了官僚资本主义，特别是抗战时期国民政府加强战时经济管理，进一步激发了官僚资本主义的扩张。官僚资本主义的内涵是直观的，其原意是官僚通过权力获得财产的经济行为。官僚资本主义变化及危害体现在官僚在抗战时期获取财富维持独裁并挑起内战，就此官僚资本与国民党独裁统治是异词同义的。官僚资本的典型代表是四大家族，中国共产党在抗战胜利前后对官僚资本和国民党反动派进行了深刻的学理批判。官僚资本控制中国经济命脉，残酷压迫农民、工人、小资产阶级和民族资产阶级。正是对官僚资本主义严重危害的澄清,1949年《中国人民政治协商会议共同纲领》规定直接没收官僚资本、建立公有制经济。官僚资本主义形成发展的基础在官僚政治,人民群众的政治权力被官僚所操控,一切存在利益分配的地方都有政治势力的介入和插手。王亚南曾对官僚资本进行内涵界定,在近代特殊社会环境中,官僚将自身拥有的政治权力与资本有机结合起来形成了特殊的经济所有制形式。资本本性在增殖,在官僚资本语境中,政治权力直接成为资本增殖的工具和资本扩张的助推动力,政治权力与资本建立了强势关联逻辑。作为超经济的积累方式,官僚资本主义实际上是凭借政治权力对广大民众的剥削。以马克思主义政治经济学立场分析批判官僚资本主义,是中国共产党解析官僚资本主义、揭露国民党独裁统治本质的一大创新。作为无处不在、无孔不入的资本的形式,官僚资本靠政治权威和经济掠夺来实现自身增殖。通过分析官僚资本形成、获利和维持运转机制,可以进一步确认和理解官僚资本主义与广大民众之间的尖锐化矛盾。

一是官僚资本是外力催生和内力强加共同作用形成的。在被动卷入世界历史以后,中国要实现工业化必然需要集中资本,以国营或者扶持私人资本成为资本原始积累的快捷来源。近代中华民族的政治体制僵化衰颓,外部势力入侵时落后的政治制度未能实现同步改良,反而借助所谓的自强口号汇集了国家财富。也就是说,外部入侵为官僚提供了敛财契机,以往被压抑的政治权力获得了攫取物质财富的机遇,政治权力成为资本获利的推手,官僚们成为以权谋利的资本家。一旦官僚资本形成就不会轻易化解,他们借助外部入侵进行盈利,不仅会获得民众支持,而且还可以进一步巩固官僚统治。换言之,政治权力介入资本增殖产生的经济效益,远远高于普通资本增殖获利,由此官僚资本主义获得了维持自身发展的经济基础,同时在实际运转过程中善于制造外部压力来进一步巩固自身发展,而人民群众难以对官僚资本形成发展和运转机理产生科学认知。

二是官僚资本主义以经济垄断和政治垄断协同并进形式获利。在遇到外部冲击时，官僚最先在市场不健全、资本不充足的背景下进行了资本筹集，这种以国家政治权力背书为基础的官僚资本，在客观层面推进了工商企业的发展。在表面上，官僚资本起到了推动资本主义工商业发展的作用；在效果上，官僚借助官僚资本获得了更强大的经济基础，延续了自身的生命，由此为中华民族实现现代化制造了更大的障碍。在应对外部冲击的不同阶段，官僚资本确立了以经济垄断和政治垄断协同获利的模式，一方面，大量企业被收购、被纳入官僚资本主义体系；另一方面，容易获取超额利润的商贸、金融等成为官僚资本关注的重心。四大家族不仅在经济领域实现了联合，掌控了中国经济发展命脉，而且在政治领域实现了合谋。虽然不同家族之间在政治层面依然存在争斗，但其争斗的目的在于获得更多的利益分配。

三是官僚资本得以维持的机制在实现经济政治领域的买办化。协助外国资本主义在中国从事经营活动的群体被称为买办，他们为外国资本主义占有中国市场提供了极大的便利支持。外资进入中国时有意识维持了旧官僚来为其获利服务，因此官僚资本从一开始就具有买办性质。官僚资本在服务外资过程中获得了外国政治势力的支持，同时为了获得国外势力的最大程度支持，官僚资本向资本主义国家出让政治利益。而且为了维护官僚资本稳定发展的国际环境，让渡国家利益成为官僚资本主义的经常行为。

就上述外国资本主义、封建主义和官僚资本主义的形成发展和历史作用来看，它们在近代中国经济社会发展过程中利益错综复杂相互交织，共同形成了对广大劳动人民的剥削和压迫。作为近代以来东方落后大国的中国，人民群众承受了比世界上其他国家更为深重的压迫，生活在水深火热中的广大劳动人民急切盼望获得有组织的领导，以谋求民族独立和自身解放。

第三节 论争优势：社会主义道路成为符合历史的选择

世界无产阶级运动的兴起与蓬勃发展，给中华民族追寻现代化提供了全新的历史选择。在当时众多社会思潮中，马克思主义获得了论争的优势，社会主义成为中华民族实现现代化的历史选择。近代中国对马克思主义的认识有着复杂过程，对社会主义道路的选择经历了具有历史必然的争论。19世纪末《万国公报》以摘编、简介的形式将马克思生平及学说介绍到中国，1906年《民报》刊发了中文翻译的日文版本的《共产党宣言》，此后马克思主义学说开始在中国大地传播。十月革命爆发将原本碎片化传播的马克思主义纳入了系统化传播轨道，作为为十月革命喝彩的中国知识分子，李大钊率先开启了研究和传播马克思主义的实践。李大钊敏锐地发现十月革命是劳工的胜利、是世界革命的曙光，并预言十月革命开辟的道路必将成为中国顺应世界历史发展潮流的必然选择。在传播马克思主义过程中，李大钊实现了自身的马克思主义转向，为马克思主义的中国传播和中国共产党的创立提供了必要社会基础。尽管十月革命加快了马克思主义在中国的传播速度、提升了马克思主义在中国的影响力，但这并不意味着社会主义就成了中华民族的历史必然选择。经过众多社会思潮的争论与博弈，马克思主义获得了优势，社会主义道路成为符合世界历史和中华民族现代化发展实际的历史选择。

一、清末民初各类社会思潮交流交融与交锋

自被动卷入世界历史潮流以来，中华民族社会各阶级就围绕救亡和启蒙寻求新的能够挽救中国的社会思想，在这个过程中众多社会思潮先后登

上了中国历史舞台。经过众多社会思潮的交流交融和交锋，深刻影响世界历史发展进程的马克思主义最终胜出，由此深刻改变了中华民族和世界历史发展潮流。就马克思主义发展历史来看，马克思主义的形成发展实际就是与形形色色社会思潮作斗争的过程。清末民初各类社会思潮的博弈和争论进一步加深了知识分子对马克思主义的认识，为中国共产党推进马克思主义中国化奠定了思想前提。在批判和对话的基础上，马克思主义获得了新的发展活力。任何社会思潮的形成发展与传播都有社会环境基础，思潮实际上是人们在特定社会条件下社会心理和社会意识的综合表现。在这一时期马克思主义中国化的传播进程中，还有三民主义、自由主义、文化保守主义等思潮交互激荡。剖析这一时期社会思潮的产生条件和特点，把握马克思主义与其交锋发展的过程，有助于深化理解社会主义何以成为中华民族追求现代化的历史必然选择。

(一)近代社会思潮的社会基础和特点

任何社会思潮的形成与传播都离不开特定的社会政治、经济和文化条件，同时更离不开理论工作者与人民群众的共同参与。理论工作者需要对社会思潮进行学理概括和提升，人民群众是社会思潮得以传播和获得影响力的主体基础。重视关注和研究社会思想动向是马克思主义发展过程中积淀的宝贵历史和理论传统，为此研究近代中国社会思潮的形成发展需要坚守马克思主义立场，从社会发展进步潮流的角度进一步阐释近代社会思潮的形成发展基础和特点。就近代中国社会思潮形成发展的基础来看，一是社会存在的巨大历史变化是各类社会思潮形成发展的客观现实。西方资本主义的武装侵入像"蝴蝶扇动翅膀"一样，深刻改变了近代中国社会发展的现实基础。来自经济、政治、文化等方面的变化，为各类思潮的形成发展提供了客观现实条件。近代中国社会的变迁是千年未有之变局，特别是空前绝后的戊戌变法、辛亥革命，以及新文化运动、五四运动等，为各式各样社会思潮的形成发展提供了社会土壤。重大社会变革为社会思想解放提供了客观条件，同时形成了重构社会发展价值观念的社会基础。打着各种旗号的西方社会思潮，为近代中国社会思潮形成发展与传播起到了示范和强化作用。二是近代社会民众的心理变化是各类社会思潮得以形成发展与传播的主观条件。近代中华民族思想文化界面临的最大挑战，是传统的孔孟之道难以解释社会发展现实，由此孔孟之道在社会思想领域失去了至高无上的权威地位。近代是思想极大解放的时代，其思想创造力与历史上的春秋战国时期类似。在大变革、大动荡时期，具有不同思想主张的思潮相互交融交锋，最终胜出的必然是符合社会和历史发展的思潮。与春秋时期确立儒家思想地位不同，近代中国首先剥离了儒家思想的至高地位。支持儒家思想的政治基础发生变化，意味着儒家要想保持原先地位必须进行改革。正是这种思想文化领域的变化，使得人民群众对创新思想文化有了更深层的心理预期。历史唯物主义指出，思想文化是对社会存在的反映，一旦遇到重大社会变革，具有社会担当的知识分子就会尝试为变革做出解释，这是近代各类社会思潮涌动的现实基础。

　　不同社会思潮在交流、交融、交锋过程中呈现出了对主流价值观念的差异认识，即不同立场的主体对如何解释社会现实形成了不同观念。基于上述关注近代中国社会思潮发展的动态特征，关注不同社会思潮论争的议题和动向，并对不同思潮的具体发展做出学理总结，得出有益于中国式现代化建设的经验教训，是研究近代社会思潮交锋的理论和现实价值所在。一是具有强烈的社会现实性。近代社会思潮的产生与发展，有着深刻的社会现实指向性，他们都试图为改变近代中国的危亡境遇做出自身贡献。不同社会阶层不同价值立场的人们，通过各式各样的行动策略来改变现实的抗争实践，背后彰显的是不同社会思想意识。作为对社会现实的主动反映，社会思潮能够被人民群众掌握并转化为改造近代中国的实践力量,这是社会思潮能够产生广泛且深远影响的基础。在近代中国,无论是具有历史进步性还是落后性的社会思潮,其出现和传播的目的都离不开对社会现实的观照,而真正将思想转化为强大改造社会力量的社会意识是马克思主义。马克思主义以穿越历史和现实的智慧,为改变近代中国难以实现现代化的困顿局面提供了理论武器,为唤起最广大人民群众参与社会变革提供了物质和思想支撑。二是具有深刻的政治性。社会思潮的研究离不开学者群体,更离不开政治力量的支持。一种社会思潮要获得最大影响力必然要实现与上层建筑的关联,即社会思潮背后都有着鲜明的政治指向。中国近代社会的主要思潮都有着变革封建社会、谋求民族富强独立的政治诉求,在外来危机和内部挑战双重驱动下,各类社会思潮相继进入中国社会,目的在于采取措施挽救中华民族危亡境地。与政治运动紧密关联的社会思潮,确实影响了近代中国的政局变化,同时也产生了不可忽视的负面影响,特别是其试图通过改头换面、影响新时代主流意识形态建设的思潮需要引起高度重视。近代历史虚无主义、无政府主义、彻底否认传统文化等思潮,不仅没有挽救近代中国危局,而且对新时代意识形态产生了负面冲击。三是在形成发展过程和主张层面呈现出了复杂性特征。近代中国面临的危局是前所未有的,中国传统知识分子在与西方舶来事物和观念的交往中受到了极大冲击和震撼,这决定了当时中国的知识分子群体不可能是某一特定思潮的坚定支持者。更多的是哪种社会思潮能够解决当下问题,哪种社会思潮就能获得受众,一旦其失去了现实解释性就将被知识分子抛弃,进而选择新的能够解释和影响现实的另一种社会思潮。这也就是说,很难以同一种社会思潮来评价某位历史人物,同一历史人物在不同历史时期拥有观点对立的社会思潮。

当然需要指出的是,社会思潮属于社会意识,其形成发展的基础来自社会存在。由于近代中国经济社会发展现实的特殊样式,近代中国的社会思潮一般来源于资本主义国家,在其进入中国结合了中国特殊的历史国情,故其表现样态是对当时特定社会现实的反映。

(二)马克思主义与其他社会思潮的交锋

上述社会思潮的差异性集中体现在道路纷争层面,中华民族究竟走何种道路实现现代化成为当时社会思潮的交锋焦点。在当时至少有三条具有影响力的现代化道路,一是以国民党为统治核心的官僚资本主义或者国家资本主义道路,这是近代中国抗争实践产生深刻影响的现代化道路;二是以中国共产党为领导核心的社会主义现代化道路,在当时中国直接进入社会主义并不具有现实可能性,因而以新民主主义和社会主义定向结合成为历史和现实的规定;三是继续维持帝国主义在华利益集团的殖民型现代化道路,这种现代化是服务于资本主义世界分工的现代化,是以牺牲中国发展独立性、依附于资本主义的现代化道路。在当时的国人看来,国民党统治腐败不堪,依靠国民党的官僚资本主义,中华民族没有实现现代化的空间,因此众多具有前瞻思想意识的思想家、开明知识分子、民主党派等开启了新的现代化探索。蒋介石建构起了政治和经济相互勾连、压榨人民群众的官僚资本主义政权模式。官僚资本主义对内借助政治力量垄断经济,对外向帝国主义国家出卖国家和民族利益,压制了民族资产阶级的生存发展空间,严重制约了中华民族现代化建设进程。而维持帝国主义在华利益的殖民型现代化道路,发展的基础是建立在牺牲中华民族利益之上。帝国主义殖民掠夺在一定程度上推动了中国现代化进程,但更多的是掠夺中华民族的物质财富,为资本主义现代化建设做铺垫。殖民型现代化绝不可能推进中华民族真正走向现代化,殖民型现代化只有两种可能性,要么进入资本主义分工体系维持依附性发展或者畸形结构发展,要么是彻底沦陷为殖民地经济发展模式。就此而言,殖民型现代化道路不符合中华民族利益,不可能成为近代中华民族的现代化道路选择。十月革命爆发以后，在众多知识分子对中国政治社会批判的推动中，学习苏俄走社会主义道路成为具有共识性的选择。1933年7月《申报月刊》的"中国现代化问题号"刊出10篇短论和16篇专论，其中选择资本主义现代化的只有1篇，主张走社会主义现代化道路的有5篇，这组数据充分说明了近代中华民族对如何走向现代化的认识和共识。[①] 社会主义道路是世界历史发展进程的客观趋势，中国共产党深刻思考了中华民族究竟走向何种现代化道路问题。毛泽东在《新民主主义论》中提出，新民主主义现代化是既不同于资本主义也不同于苏联社会主义的道路，即需要通过民主革命为走向社会主义奠定基础。

上述三种道路的选择充满了各主要社会思潮的较量和交锋，最终是马克思主义赢得了中国民众，成为中华民族走向现代化的指导思想。中华民族是一个兼容并包的民族，外来文化成功实现中国化的主要有佛教文化和马克思主义。在客观层面，马克思主义能成为影响中国现代化的理论，取决于中国社会发展现实的需要程度、中华民族传统文化的兼容性以及其本身具有的科学性和真理性。近代众多主义、众多社会思潮未能改变中华民族落后挨打局面，证明中华民族的现代化出路必须符合世界历史发展潮流。在众多社会思潮无助于解决近代中国发展问题的历史和现实背景下，马克思主义以其真理性和科学性为中华民族实现现代化指明了方向；同时马克思主义的理想社会形态与中华民族传统文化的小康、大同理想追求之间存在融通性，这为马克思主义在近代社会思潮交锋中胜出奠定了坚实基础。通过上述三种最具有代表性和影响力的现代化道路较量，中国人民最终选择了马克思主义这一在人类社会历史发展进程中具有终极影响力的学说，

---

① 王公龙、付星博：《世界历史视野下的中国式现代化道路》，《思想理论教育》，2022年第1期。

选择了以社会主义现代化道路来改变近代中华民族的命运。

五四运动、大革命、十年内战、全面抗日战争以及解放战争,构成了中华民族在新民主主义革命时期进行救亡图存的波澜壮阔历史画卷。在这期间各种社会思潮相互交锋,无论是"问题与主义"还是"东西文化"的争论都属于理论大论战。关键在只有马克思主义真正将理论与实践进行了结合,指导中国共产党取得了新民主主义革命胜利,引导中华民族走向了具有新民主主义—社会主义定向的现代化道路。

二、社会主义获得论争优势的历史逻辑基础

社会主义道路在近代中国获得论争优势有着本身特殊的历史逻辑和现实基础,其中马克思主义从西方到东方的纵深化传播推进了中华民族对社会主义道路的认同。事实上,马克思晚年已经敏锐察觉到资本主义国家内部社会主义运动的变化,将视角放到了东方的俄国、中国和印度等,并在此基础上形成了东方社会理论。此后马克思主义迅速在东方社会传播,并与东方民族国家具体历史和文化结合在一起,展现出了强大的生命力。东方国家与西方社会的环境、文化以及革命形势存在差异,这决定了马克思主义在东方社会传播并获得论争优势具有独特的历史和现实基础。

第一,东方社会需要一种理论改变落后挨打局面和满足革命斗争的需要。从当时东方国家经济社会发展及革命抗争的现实来看,最大问题在如何寻求到一种能够挽救自身发展颓势、拯救危亡局面的学说,即理论是东方落后国家现代化最需要的。东方社会生存在帝国主义国家的夹缝中,一方面是经济社会发展落后的现实,另一方面是备受帝国主义和封建主义压迫的民众革命斗争意识高涨,这是东方社会需要先进理论的内在驱动。马克思主义诞生于西欧劳资矛盾尖锐、工人运动兴起的社会现实,同时随着资本

主义的全球扩张，马克思主义跨越地理边界走向了世界各地。19世纪60年代到80年代，马克思著作不断被翻译到俄国，《共产党宣言》俄文第一版出版后甚至一度成为西方资本主义的"奇闻笑料"。原因是俄国当时刚完成农奴制改革，它的首要任务是发展而非消灭资本主义。到80年代革命形势发生了巨大变化，俄国迅速发展成为欧洲革命的先锋。十月革命爆发使得原本处于经济社会落后发展局面的俄国，一跃成为走在人类社会发展前沿的社会主义国家，这给当时的中国革命带来了极大希望。与不发达的俄国相比，处于半殖民地半封建社会的近代中国经济社会发展更为落后。在十月革命前，马克思主义和社会主义的相关观点就已经在中国传播了，如1905年资产阶级改良派和革命派就社会主义进行了激烈论争，革命派认为社会主义是欧美潮流和人类发展方向，需要尽快发动社会主义革命。十月革命意味着人类成功将社会主义从理论变成现实，关键在于中国的经济社会发展现实比俄国更为落后。当十月革命传入中国时，知识分子受到了极大冲击，众多学者围绕物质落后的社会形态能否进入在人类历史发展进程更具先进性的社会形态展开了激烈的争论。北京大学学生社团举办的《国民》杂志直接指出，俄国和中国在走向社会主义的社会基础和动因有着高度一致的相似性。这种认识在深层反映了近代中国人民群众争取民族独立和国家富强的潮流与世界社会主义运动之间存在高度契合性，如不顺应世界历史潮流、不融入世界社会主义运动，中华民族的现代化是难以实现的。正是在中华民族抗争和世界社会主义潮流共同推动下，中国共产党顺应时代潮流全面推进了马克思主义中国化的传播，为社会主义获得论争优势奠定了思想和物质基础。应该说，社会主义在中国满足了中华民族对马克思主义的理论需求，同时也反映出了经济落后但革命斗争高昂的独特社会现实，没有这种历史和现实基础，社会主义就难以脱颖而出，难以成为中华民族的最优选择。

第二，复杂的思潮斗争和实践需要马克思主义引领，这是社会主义获得论争优势的现实因素。马克思主义自诞生以来就面临着各式各样社会思潮的攻击,在进入中国社会时马克思主义与众多社会思潮进行了激烈的交锋。近代以来,中华民族在众多社会阶级抗争无效的现实刺激下,先进的知识分子开始苦苦思索如何挽救中国,在这种背景下以马克思主义为指导的社会主义道路成为各阶级关注的焦点。改良派的梁启超认为近代中国连民族独立都没实现,首要任务在改变封建专制政体;革命派的孙中山认为要学习社会主义节制资本;无政府主义江亢虎则试图借助马克思主义来论说无政府主义的优越性。上述争论一定程度上推动了马克思主义的传播,但也阻碍了马克思主义的科学传播进程。在论争之外,马克思主义与革命实践的结合无疑进一步助推了社会主义的论争优势。十月革命以后陈独秀、李大钊等在大力译介传播马克思主义的同时,投身无产阶级革命,有力提升了马克思主义的影响力,为社会主义成为具有论争优势的道路廓清了理论和实践障碍。正是早期马克思主义者并不仅仅是把马克思主义作为学说,更是把马克思主义作为改造近代中国思想武器的做法,深刻影响了近代中华民族的现代化道路选择和走向。

综合上述,马克思主义在近代中国的传播有着深厚的历史和社会现实基础,无论是近代中国对先进理论的需要,还是社会思潮碰撞和革命抗争的现实要求,抑或是无产阶级革命者兼具理论和实践的内在抗争,都是推动社会主义道路获得论争优势的坚实社会基础。在社会主义获得论争优势的基础上,中国共产党顺应历史潮流和人民群众迫切愿望,领导并带领全国各族人民成功取得了新民主主义革命的胜利,实现了中华民族独立,为全面走向世界历史提供了政治保障。

第四章

走向世界历史:中国式现代化道路的历史探索 ▶▶▶

自近代中华民族被动卷入世界历史以来,社会各阶级就在苦苦寻求各种拯救中华民族危亡境地的方案。历史和事实证明,不触动封建专制制度、不推翻帝国主义在华统治的抗争没有出路,中国共产党的成立意味着中华民族寻求到了崭新的、拥有光明发展前景的社会主义道路,同时也标志着中华民族开始储备从被动卷入世界历史向走向世界历史的政治制度基础。中国共产党是中国式现代化道路形成发展的政治核心,得益于中国共产党的坚强领导,新民主主义革命取得了胜利,中华民族重新屹立于世界东方,这为中国式现代化道路的形成发展奠定了根本社会条件。接续新民主主义革命的社会主义革命和建设,为中国式现代化道路走向世界历史提供了政治、经济、文化等方面的制度保障。而改革开放以来的社会主义市场经济体制确立和完善,为中国式现代化道路走向世界历史提供了强大的现实支撑。

就中国式现代化道路与世界历史的关系来看,新民主主义革命胜利不仅意味着中华民族实现了政治独立,而且也意味着中国式现代化道路在世界历史进程中获得了新的历史发展起点。在走向世界历史发展进程中,中华民族拥有了追求社会主义现代化的政治前提、制度保障和现实支撑。换言之,上述三个历史时期从不同层面为中国式现代化道路走向世界历史做了铺垫,共同构成了中华民族现代化道路的历史探索。新民主主义革命在中国式现代化道路形成发展中拥有特殊的地位,没有新中国的成立,中华民族就没有开展现代化建设的根本社会条件;改革开放以来,社会主义革命和建设时期的制度决定和凸显了中国式现代化道路的结构性特质,没有社会主义制度保障就没有中国式现代化道路的历史塑形;改革开放以来,社会主义市场经济体制的确立和完善是中国式现代化道路形成发展过程中的划时代创新,没有市场经济的探索,中国式现代化道路就没有发展的现实支撑。概言之,革命、建设和改革是中国式现代化道路形成发展必不可或缺的阶段,这三个历史阶段为中国式现代化道路走向世界历史积淀了极为重要的政治、制度和现实基础。

第一节　社会条件:新民主主义革命与中华民族独立

中国式现代化道路形成发展的根本社会条件是摆脱帝国主义的控制、实现民族独立,没有民族独立,就只能一味接受资本主义的殖民分工定位,中华民族也就绝不可能获得开展现代化的机会。十月革命以来的马克思主义传播,为中华民族开展现代化提供了理论指引,同时也赋予中国式现代化独特的结构特征。毫不夸张地说,中国式现代化的独特结构起始于马克思主义对新民主主义革命的指导,以及中国共产党领导全国人民结合具体国情对马克思创造性地实现中国化发展。列宁沿着马克思指明的方向,揭示了帝国主义时代世界历史发展趋势和无产阶级革命的可能,在顺应世界历史发展潮流基础上实现了无产阶级革命道路的重大创新,即社会主义革命具有从薄弱环节实现一国胜利的可能。列宁的创造性探索取得了十月革命的成功,为落后国家融入世界历史、顺应世界历史提供了新的可能。中国共产党在马克思和列宁探索基础上,进一步创新发展了一国胜利论,以新民主主义革命道路为指导并取得了胜利,彻底终结了掣肘中华民族实现现代化的半殖民地半封建社会矛盾。新民主主义革命胜利意味着中华民族真正拥有了在世界历史进程中独立自主开展现代化的政治前提:一是革命胜利意味着中华民族现代化进一步巩固了党的坚强领导核心地位。中国共产党作为全新的主体领导力量,为中国现代化建设奠定了政治领导基础。二是中华民族进一步确证了具有新民主主义—社会主义定向的现代化道路,中国现代化建设呈现出了无限光明前景。也正是依赖上述,新民主主义革命极大丰富了马克思世界历史理论,特别是东方社会理论得到了进一步丰富和发展,这是从政治前提出发深化研究和把握中国式现代化道路走向世界历史的重要原因。

一、世界历史与新民主主义革命理论和实践

就形成发展背景来看,世界历史是新民主主义革命道路开辟和取得胜利的宏大时代场域。得益于列宁对东方大国无产阶级革命道路的探索,新民主主义革命获得了直接的理论和实践滋养。列宁立足帝国主义之间的矛盾纷争,为东方落后大国走向社会主义提供了有力的理论指导。十月革命是俄国充分利用帝国主义薄弱环节开辟出的一国胜利革命道路,它的世界意义在于重塑了东方社会的现代化社会条件,为中华民族探索现代化提供了借鉴,以此全面推进了新民主主义革命的形成、发展和胜利。就此而言,列宁的一国胜利理论是立足世界历史的创新,是新民主主义革命的重要理论来源;同时十月革命的斗争经验是新民主主义革命的实践经验来源。

（一）基于世界历史发展趋势的"一国胜利论"

东方社会不同于西方资本主义,列宁在继承发展马克思东方社会理论基础上,全面分析了如何在顺应和把握世界历史发展最新态势基础上开展无产阶级革命。俄国社会内在矛盾与世界大战综合作用,为十月革命胜利、建立无产阶级政权提供了必要社会条件。在此基础上,列宁对东方社会如何开展社会主义现代化建设进行了理论和实践思考。经过十月革命的检验,马克思东方社会理论得以成功实践,为广大落后国家和地区探索民族解放和社会主义运动提供了宝贵历史经验,特别是"一国胜利论"为半殖民地半封建社会中国探索现代化提供了有益的理论经验。列宁对世界历史最新发展趋势的研判,主要体现在俄国社会发展、垄断资本主义和成功捍卫新生政权三个方面。

俄国的经济社会发展现实既不同于恩格斯设想的村社解体状态,也不同于民粹主义主张直接建设社会主义的设想。俄国经济社会发展情况落后的现实,为马克思关注东方社会提供了典型样本,但这种情形在1861年农奴制改革以后有了较大程度的改观,资本主义在大城市获得了较大程度的发展,这是沙皇俄国发展成帝国主义国家的经济基础。尽管相比较于欧洲资本主义,俄国资本主义经济发展水平相对落后,但俄国民粹主义试图保留村社来抗拒资本主义发展,进而建设社会主义的主张,属于典型的缺少必要经济基础的空想。马克思在关注俄国无产阶级革命和社会主义建设时指出,俄国村社可以作为实现过渡的基础。列宁则在马克思关于村社作用论述基础上进一步指出,在资本主义发展进程中村社的瓦解是不可避免的。而民粹主义提出的人民生产、人民工业等实际是俄国封建经济向资本主义经济过渡的形式,本质并没有脱离小商品生产。随着俄国资本主义生产方式的演进,机器大工业必将取代小商品模式。也正是赖于俄国资本主义生产的发展，俄国社会主义革命获得了必要物质基础和阶级力量。在同时保留农奴制残余和资本主义生产方式的俄国，社会主义革命的首要历史任务是通过资产阶级民主革命摆脱封建势力的束缚，即在顺应社会历史发展进步潮流中完成具有历史比较优势的资产阶级民主革命，为社会主义革命奠定基础，成为俄国革命形势发展的内在规定。

列宁在研判俄国革命发展形势过程中，还分析了垄断资本主义的最新发展样式——帝国主义。在19世纪末20世纪初的世界历史进程中，帝国主义是制衡世界社会主义运动发展的最大阻碍因素。资本主义垄断在经济上瓜分世界市场、在政治上瓜分殖民地、在全球争夺霸权，整个世界都被资本主义瓜分殆尽。同时在瓜分世界进程中，资本主义国家之间的矛盾日益尖锐化，世界范围内的战争不断。资本主义国家间的矛盾和纷争给世界无产阶级革命创造了条件，列宁敏锐地意识到在资本主义薄弱环节，一国革命具有取得胜利的可能性。在帝国主义时代，社会主义革命在少数国家取得胜利有其历史必然性，资本主义国家内部发展不平衡性，决定了世界范围内的社会主义革命不能同时爆发。当时资本主义国家内部还出现了新的情况，资产阶级为了缓和阶级矛盾收买工人贵族和工人运动的机会主义者，使得资本主义国家内部爆发无产阶级革命的可能性进一步缩小。列宁考察了帝国主义国家之间的矛盾，分析了世界历史发展进程中一国革命的可能性，指出俄国作为帝国主义薄弱环节取得革命胜利的可能性。俄国革命具有双重生发因素：一方面，资本主义生产方式得到了一定程度发展，俄国与世界其他资本主义国家存在殖民地和势力范围的矛盾；另一方面，农奴制残余和资本主义生产方式的发展进一步推动了无产阶级力量的发展，加上世界大战的影响，俄国农民和无产阶级的被剥削程度比其他国家要严重得多，俄国广大劳动人民与帝国主义和沙皇专制统治之间有着尖锐的矛盾，俄国具有开展社会主义革命的物质基础和革命主体条件。

在十月革命胜利建立社会主义政权后,俄国还取得了捍卫新生政权的卫国战争胜利。在此基础上,苏俄进一步深化了社会主义现代化建设的理论和实践探索。为应对战争采用的"战时共产主义",在战争胜利后出现了种种问题。以战时共产主义过渡到社会主义的道路走不通,为此列宁转向探索以商品经济为中心"新经济政策"。为进一步驳斥当时关于俄国是否达到社会主义生产力发展水平以及质疑十月革命合理合法性的观点,列宁再次提炼了俄国进行革命和建设的理论。帝国主义战争为俄国革命提供了绝佳社会条件,为此必须辩证认识俄国开展革命和建设的落后条件。经济和政治之间存在辩证关系,一味强调经济的决定性作用,并不符合历史唯物主义本质。先建立社会主义政权,再充分发挥政治对经济的促进作用,为落后国家开展社会主义革命和建设提供了重要理论启发。

列宁对俄国革命和建设的思考,特别是关于一国胜利革命理论的认识,为中华民族开展革命提供了直接理论支持。十月革命为在半殖民地半封建社会苦苦寻求解放无果的中华民族提供了全新的奋斗方向,由此无产阶级登上历史舞台,以新民主主义革命道路全面开启了为实现中华民族独立富强奋斗的历程。

(二)世界历史进程中十月革命的实践启发

十月革命直接影响了中华民族的革命道路性质和方向,得益于十月革命的实践启发,中华民族以新民主主义革命道路直接迈向了世界历史发展潮流前沿。帝国主义时代的世界历史进程具有特殊性,这是无产阶级开展革命的大环境,即帝国主义国家之间的矛盾和纠纷为社会主义革命创造了机会。列宁看到了帝国主义之间的矛盾纠纷,并进一步剖析俄国内部的尖锐问题,以十月革命率先建立了人类历史上第一个社会主义政权。在实践层面,世界历史进程中的十月革命为新民主主义革命带来了重要实践启发。

　　十月革命开创了世界历史新纪元的依据，在于实现了科学社会主义从理论到现实的巨大飞跃，为新民主主义革命斗争带来了可预期可遵循的奋斗方向。从《共产党宣言》发表开始，科学社会主义就在不断丰富和完善。为进一步推进科学社会主义与实践的结合，马克思、恩格斯还积极参与和领导无产阶级革命斗争，为世界社会主义运动发展做出了重要贡献，为科学社会主义从理论到实践的转换提供了鲜活生动的素材。限于马克思、恩格斯生活时代资本主义的种种现实，科学社会主义主要是基于资本主义实践不断丰富和完善的，科学社会主义并没有在更大实践层面获得发展机会。虽然巴黎公社为科学社会主义实践提供了机会，为社会主义革命和建设提供了可以遵循的、具有普遍意义的基本原则，但巴黎公社存在时间较短，科学社会主义难以获得有效实践，社会主义现代化建设规律更无从谈起。十月革命接续了巴黎公社的探索，并以科学社会主义从理论到实践的转向确证了其时代意义，让世界人民看到了进入社会主义的希望。同时十月革命开启的社会主义进一步丰富和拓展了科学社会主义理论和实践议题，探索社会主义现代化建设和发展规律成为科学社会主义必须直面的现实课题。十月革命开启了世界历史新纪元的依据，在于其实现了世界历史从资本主义向社会主义方向的转变，尽管资本主义还是主导性的、资本主义依然在世界历史进程中发挥着重要作用，但世界历史进程已经出现了社会主义力量。与不得不接受资本主义生产方式，并接受资本主义生产分工的单一现代化道路相比，其他后发国家和民族的现代化道路有了新的选择。十月革命全面加速了世界历史向社会主义的转向，开创了社会主义和资本主义两大社会制度共存的世界历史阶段。资本主义和社会主义成为世界历史发展进程中的两种现代化道路，社会主义全面开启了扬弃资本主义的历史，世界范围内的无产阶级和资产阶级矛盾成为世界历史发展过程中的主要矛盾，并且这种矛盾会一直持续到人类进入共产主义社会。就上述十月革命的世界历史新纪元来看,中华民族获得了新的革命斗争方向,新民主主义革命获得了极为重要的实践启发。只有在世界历史发展趋势基础上沿着社会主义方向前进,中华民族现代化才具有历史可能和现实合理性。

十月革命具有重大的实践借鉴意义,体现在对落后国家开展社会主义革命方面。马克思晚年捕捉到了世界社会主义运动从西方向东方发展的趋势,基于对俄国村社的历史和现实考察提出了东方社会理论。在马克思生活的时代,无论是资本主义尖锐化矛盾还是工人运动重心都在欧洲,东方社会理论主要停留在理论设想层面。这也就是说,社会主义运动并不具有充要条件,社会主义革命发生需要的主体力量和物质基础分离了。尽管欧洲资本主义国家拥有社会主义革命的物质基础,但其革命主体力量被收买、被同化了。尽管东方落后国家人民深处帝国主义、本国反动势力的剥削,其拥有开展社会主义革命的主体条件,但并不具有物质基础。十月革命建立社会主义政权,是对马克思东方社会理论的实践检验。更重要的是,十月革命开辟了在经济落后环境中为开启社会主义革命提供了现实论证。列宁关于东方落后国家如何开展社会主义革命和建设实践,是立足俄国现实进行的创造性突破,因此其与马克思东方社会理论存在一定差异。马克思侧重强调东方社会充分利用村社和资本主义文明成果开展社会主义革命及建设,是寄希望于东西方无产阶级革命联动,从而使得东方社会"跨越卡夫丁峡谷",侧重点并不在资本主义尚未充分发展或者没有发展的落后国家如何开展社会主义建设。这就是说,马克思并没有预测到东方社会可以走出一条不同于一般社会发展规律的特殊道路。列宁继承发展了马克思的东方社会理论,立足帝国主义时代的世界历史现实,剖析了东方落后国家可以进行社会主义革命的现实基础。与马克思设想不同,列宁认为村社瓦解是历史必然,俄国并不必然需要在资本主义社会发展基础上进入社会主义。经过资本主义的阶段性发展,俄国拥有开展社会主义革命的物质基础和主体力量。

在世界历史发展视野下,受帝国主义压迫的世界各民族争取独立和解放的运动构成了社会主义运动的一部分。反抗殖民和半殖民统治的民族国家支援了世界社会主义运动的发展,为落后国家开展社会主义革命提供了主要支持。十月革命意味着社会主义革命必须充分把握帝国主义世界历史和现实矛盾,在此基础上还必须充分形成与世界各民族反抗帝国主义侵略战争运动的互动。就此而言,东方落后国家开展社会主义革命和建设并不是东方国家具有特殊性,而是资本主义内部矛盾集中表现在东方国家,由此使得东方国家的社会主义革命与建设呈现了特殊性。十月革命深刻影响了中华民族,加快了中华民族从旧民主主义革命向新民主主义革命的转变,同时中国革命成为世界社会主义运动的重要组成部分。中国共产党坚持十月革命确立的指导原则,走出了一条符合中国国情的革命道路,为中华民族实现现代化提供了根本社会条件。

二、新民主主义革命之于中国的世界历史意义

人们创造历史并不是随心所欲的,而是要在继承之前的历史条件中进行。中华民族走向中国式现代化的根本社会条件来自新民主主义革命,被动卷入世界历史是中华民族探索现代化建设的历史起点,新民主主义革命道路的开辟与胜利真正改变了中华民族被动挨打的局面,彻底结束了半殖民地半封建社会状态,实现了中华民族在世界历史进程中的伟大跃升。近代中华民族抗争历史和事实说明,在帝国主义时代,旧民主主义革命并不能改变近代中国命运,要真正挽救中华民族必须依靠顺应世界历史发展潮流的无产阶级,由此全面开启了新民主主义革命。虽然新民主主义革命是以十月革命为旗帜的,但其革命性质和主体力量与十月革命有着较大差异。新民主主义革命是以中国革命实践为基础的,具有重大世界历史意义的新

革命道路。

(一)世界历史进程中的新民主主义革命

中华民族的近代历史是资本主义殖民侵略开启的,同时由于资本主义殖民侵略使得近代中国社会转型呈现出了高度复杂性和复合性特征。在经济层面,封建小农经济和资本主义经济成分并存。资本主义经济中存在着外国资本主义、民族资本主义和官僚资本主义,经济成分的复杂多样性使得社会结构和矛盾呈现出复杂化态势。封建主义与广大民众、帝国主义与中华民族之间的矛盾日益深化,这对中华民族寻求现代化出路发挥了至关重要的作用。一方面,近代中国统治阶级内部存在诸多纷争,具有不同倾向政策主张的力量分化了统治阶级,为其他阶级反抗反动统治提供了有利的社会条件;另一方面,近代中国革命阶级力量存在若干派别,不同阶级对中华民族现代化走向具有不同主张。需要指出的是,在作为农业大国的近代中国,农民阶级是最主要的革命力量,任何革命主张忽视对农民的动员,就忽视了近代中国最大的社会现实。就此可以说明,旧民主主义革命失败的历史必然性。作为革命领导阶级的资产阶级忽视了作为革命主体力量的农民阶级,甚至在很大程度上拒斥和否定农民的作用,这是旧民主主义革命抗争无果的根源所在。五四运动以后无产阶级登上历史舞台,全面开启了新民主主义革命道路,团结了包括农民阶级在内的一切革命力量,真正改变了近代中国的革命面貌。

回溯近代以来中华民族被动卷入世界历史进程,可以发现资本主义列强进入中国,实际是将中华民族划分为若干势力范围,以实现最大程度从中国获取剩余劳动价值的目的;日本侵华实际是要排除其他资本主义国家在华势力,将中国变成日本专属势力范围;二战结束后美国不断加大对华干预,是要将中国完全变成美国的殖民地。就帝国主义与近代中华民族统治阶级关系来看,帝国主义是近代中国封建反动势力、官僚资本主义的最大支持者,三者相互勾结、相互矛盾,深刻改变和塑造了近代中国的革命面貌。不同帝国主义在华利益的矛盾和冲突,体现在不同封建势力和军阀之间的混战。同时帝国主义为进一步巩固在华利益,不断加大对近代中国统治阶级的打压,历次殖民战争实质就是迫使统治阶级成为帝国主义利益代言人的行动。就上述种种来看,帝国主义殖民侵略活动与近代中国社会矛盾之间存在深层关联逻辑,帝国主义是造成近代中国社会矛盾复杂性和多元性的根源。封建主义、帝国主义和官僚资本主义在经济上压制民族资本主义、在政治上对先进势力进行反动统治,是压迫近代中华民族追求现代化的最大障碍。为此必须通过彻底的革命推翻帝国主义、封建主义和官僚资本主义的统治,这是中华民族实现现代化的鲜明历史任务和抗争主题。同时革命和现代化的关系,构成近代中华民族救亡图存必须把握的一对关系。

　　反对帝国主义和封建主义是近代中华民族革命的鲜明主题。在政治上追求民族独立,在经济上追求现代化是近代中华民族进行革命的两大历史任务。历次革命抗争并不仅仅破坏和影响了生产,而且在更深层次上还推进了资本主义经济的发展,即革命为中国式现代化道路的形成发展创造了有利条件。只有最大程度破坏三大反动势力的统治,才能为现代化建设廓清政治障碍。不触动反动统治的革命抗争是无益于现代化的空想,这是乡村改造、教育救国等运动失败的根源。在破坏反动统治力量基础上,还要不断建构新的资本主义生产力量,不对传统社会进行方方面面的建构,中华民族就难以获得实现现代化的社会基础。其中最重要的一点在于,新民主主义革命是中华民族改变落后挨打局面的根本手段,没有新民主主义革命,中华民族就难以获得现代化建设的政治保障条件。被动卷入世界历史的中华民族必须彻底改变依附资本主义的地位,真正获得进行现代化的根本社会条件。新民主主义革命的胜利意味着中华民族彻底终结了近代以来依附资本主义的状态,并获得了开展现代化的独立自主条件。

(二)世界历史与新民主主义革命道路

自卷入世界历史进程以来的革命抗争说明,在半殖民地半封建社会走资本主义现代化道路没有任何可能和空间。一方面,资本主义国家要维持在华利益的最大化,是决不允许中国走向独立富强的现代化道路的。如此庞大的市场一旦实现现代化,将严重影响资本主义在华的利益,同时还会严重影响资本主义在全球市场的利益实现。另一方面,民族资本主义对资本主义国家的依附性,使得中华民族不具有以资本主义道路实现现代化的可能。也就是说,民族资产阶级失去了对近代中国民主革命的领导权。领导全国各族人民进行民主革命抗争的重大历史任务责无旁贷地落在了无产阶级身上,只有最大程度地团结一切能团结的力量,推翻"三座大山"实现民族独立,中华民族才拥有真正开展现代化建设的社会条件。无产阶级领导的新民主主义革命创构了一条与十月革命不完全相同的、全新的革命道路,其原因在中俄具体国情、革命主体力量、革命性质和革命形式都存在较大差异,也正是这些差异,赋予了新民主主义革命更深远的世界历史意义。

新民主主义革命为中国式现代化道路的形成发展奠定了政治基础。新民主主义革命的根本任务是完成反帝反封建,为新民主主义政治、经济、文化发展提供社会基础,特别是新民主主义革命胜利后建立的公有制经济,为社会主义改造和现代化建设奠定了物质基础。就近代中国政治发展现实来看,中华民族不具有政治上的独立性。帝国主义国家将中国视为获得剩余劳动价值的重要来源地,不同资本主义国家以共同目的将中国变为半殖民地半封建社会,并以此实现了对近代中国的最大程度控制。帝国主义的控制将近代中国统治阶级最大程度培养为代言人,中国人民毫无民主权利可言。新民主主义革命的胜利不仅实现了中华民族的政治独立,而且为广大中国人民提供了参与现代化建设的政治权利,中华民族可以自主决定走何种道路。与此同时,新民主主义革命锻造了具有强大凝聚力领导核心的中国共产党,彻底终结了中国人民一盘散沙的无序状态,中国式现代化道路拥有了强大的组织力量保障和源源不断的力量来源。从近代中国的思想文化层面来看,封建文化是阻碍现代化建设的深层因素。封建文化发展的基础是小农经济,它无法适应近代中国工业的生产方式,同时因守土重迁,其拥有盲目排外性,容易以文化保守主义来反抗现代化理念。新民主主义革命时期思想文化建设面临的重要任务是提升人民群众的思想文化素养,建立起符合新民主主义革命实际的文化。新民主主义文化是立足近代中国现实,兼具传统和世界优势的先进文化。一方面,中国共产党通过继承中华优秀传统文化,批判腐朽文化,为现代化建设营造了良好的传统文化氛围;另一方面,批判性借鉴吸收了西方文艺复兴和启蒙思想,为建构具有中国特色的现代文化奠定了思想基础和思想动力。新民主主义革命奠定了中国式现代化道路形成发展的历史和社会前提,特别是在政治、经济和文化层面为开展现代化储备了有利条件。

从马克思晚年"跨越卡夫丁峡谷"的理论构想到十月革命,经典作家关注和研判无产阶级革命的现实基础在世界历史的最新发展趋势。帝国主义国家之间的矛盾和东方国家在世界历史进程中的现实境遇,决定了东方落后国家开展无产阶级革命的特殊性,如马克思和列宁关于俄国村社的历史命运有不同的见解,重要原因在于世界历史呈现出了不一样的发展趋势。在列宁生活时代,俄国村社瓦解成为不可回避的现实,在生产方式上更具有先进性的资本主义成为俄国历史发展的必然。这充分说明列宁在考察东方社会革命和建设时,并没有抛开人类社会发展的一般演进规律,而是更注重以世界历史最新发展趋势来优化对俄国革命和建设的思考。虽然十月革命开创了在东方落后国家开展社会主义建设的先河,但这并不意味着俄国超越了人类社会一般演进形态。马克思设想的充分利用村社、"跨越卡夫丁峡谷"进入社会主义的设想也没有实现,俄国村社还是不可避免地走向了瓦解。马克思东方社会理论及列宁的接续探索,为新民主主义革命提供了重要理论和实践支持。马克思东方社会理论实际是立足世界历史最新变化态势对东方国家如何开展革命和建设的理论致思,它特别重视资本主义全球扩张对东方落后国家的影响,以世界历史的整体性视角分析了东方落后国家开展革命和建设的种种可能。近代中华民族的历史命运与世界历史存在紧密关联。资本主义殖民是掣肘中华民族现代化的最大障碍,通过新民主主义革命争取民族独立的抗争兼具民族性和阶级性。中华民族谋求民族独立富强的过程,有力打击了资本主义的全球殖民活动。在这个层面,新民主主义革命形成了对世界社会主义运动的支持,使得新民主主义具有了社会主义历史定向。无产阶级登上中国革命历史舞台及中国共产党的成立,改变了中国革命形势和性质,以社会主义定向的民主革命为社会主义革命提供了前提和基础。

第二节 政治前提:社会主义革命和建设的历史奠基

中国式现代化道路是中国共产党领导的社会主义现代化道路,其形成发展的根本社会条件在新民主主义革命,政治前提在社会主义革命和建设的奠基。没有社会主义革命和建设形成的社会主义制度和经济基础,改革开放就难以获得参与世界历史发展的制度和物质基础。新民主主义革命胜利后,新中国成立面临的是饱受"三座大山"压榨和战争创伤留下的烂摊子,各行各业千疮百孔,工业领域"一清二白"。在这种形势下如何开展现代化建设、走何种现代化道路,成为中国共产党亟待解决的重大理论和现实问题。经过新中国成立初期的经济恢复和发展,新中国获得了开展工业和国防建设的基本经济社会条件。为进一步集中优势资源开展工业化建设,通过"三大改造"完成社会主义革命,建立计划经济体制,以此为中国式现代化道路贡献了完整的工业体系和强大的国防体系。

新中国成立初期,中国如继续走新民主主义经济发展道路,就会继续在世界历史进程中承担原材料供应地和产品倾销地的角色。换言之,在强大的资本主义分工体系中,民族资本主义不仅难以获得竞争优势,而且容易被资本主义所掌控,进而可能再次成为资本主义分工体系的附庸。就此来说,新中国成立初期是绝不能走资本主义现代化道路的,也不能全面参与资本主义主导的世界历史进程。在相对封闭的环境中最快速地建立工业体系和国防体系,是当时国内外复杂历史条件对中国式现代化的内在规定。

一、社会主义制度的确立:中国式现代化道路的政治前提

选择什么样的制度设计,决定了现代化的前进方向。对一个国家来说,走何种现代化道路有一个至关重要的制度保障问题。尽管新民主主义革命为中国式现代化道路框定了社会主义历史定向,但对于如何走向社会主义并没有特别丰富的历史和实践经验可以借鉴。经过经济恢复发展,中国共产党以苏为师,以和平赎买方式完成了社会主义改造,在全面建立社会主义制度基础上,有力推进了社会主义现代化建设。不同于暴力没收,中国共产党以和平赎买方式平稳进入了社会主义社会,创新了马克思和列宁对如何进入社会主义的方式,为世界社会主义运动和现代化建设提供了弥足珍贵的历史经验。

(一)伟大历史变革与新生政权建设

新民主主义革命胜利特别是社会主义制度建立以来,中华民族彻底终

结了近代以来的四分五裂状态,为中国式现代化建设汇集起了广大人民群众的磅礴伟力。新中国成立意味着近代以来的中华民族现代化建设有了独立的国家政权支持,同时如何实现中华民族的国家整合,成为近代历史遗留给中国共产党悬而未决的重大课题。社会主义改造后,中国共产党以坚强领导核心建构起了强大而又集中的国家动员体系,基层党组织、工会组织、青年组织、群众组织等有效实现了人民群众力量的整合,深度重构了近代以来中华民族"有家无国"的生活方式,为中国式现代化建构起了高度统一的稳定社会局面。与此同时,被挤压在社会最底层的劳苦大众,真正获得了实现生活和发展的政治权利。新中国的建构基础来自人民群众,人民利益是中国共产党治国理政的根本遵循。不论是就当时的政治机构命名,还是就实际价值追求来看,人民真正成为新中国的主人。人民政治协商会议、人民英雄纪念碑、人民军队、人民政府等一系列冠之以人民称谓的机构,将人民放置在国家和社会发展的最高位置,这既高度肯定了人民群众在新民主主义革命中发挥的积极作用,也肯定了人民群众将在现代化进程中能发挥的主体能动作用。1954年宪法以国家根本大法形式进一步确认了人民在国家治理中的至高无上地位,同时以人民代表大会制度将党的领导、人民当家作主和依法治国实现了内在统一。

在人类现代化进程中,凸显人民地位意味着政治革命,强调平等意味着社会革命,而为了保障人民主体地位必然需要一场社会革命。社会主义制度的建立,对中国经济社会带来的变革深度和广度前所未有,人民真正成为主宰自己发展命运的主人,同时中国式现代化建设获得了源源不断的力量支持。人民民主专政的前提是人民平等享有参与国家治理的权力,这是社会主义公平正义得以实现的根本。没有平等就没有人民,中国共产党在革命进程中消除了一切社会特权阶层,同时以全心全意为人民服务为根本宗旨。新中国成立以来,中国共产党坚持人民立场,在治国理政过程中注重融入人民群众,真正践行了为人民群众服务的公仆精神。人民性、人民价值立场不仅成为新中国的鲜明价值取向,而且为社会主义现代化建设描摹了厚重的价值底色。中国共产党来自人民、服务人民,与人民群众有着密切联系。在革命进程中,中国共产党还寻找到了跳出"历史周期率"的——人民民主监督。为避免中国共产党脱离群众的风险,毛泽东高度重视反对腐败堕落,不仅旗帜鲜明地开展了"三反""五反"运动,而且还查办了被称为新中国第一大案的刘青山、张子善贪污案。

社会主义制度在中国的确立,无论是对中华民族还是对人类社会历史来说,都是一件具有伟大历史意义的社会变革。以此为历史节点,中华民族正式开启了具有社会主义定向的现代化道路,并在此基础上深刻影响和塑造了世界历史的发展趋势和格局。以世界历史来审视社会主义制度,可以深刻把握其价值意义,社会主义意味着中华民族现代化深度介入了世界历史发展进程,中国在现代化发展指向上获得了更具有领先发展意义的道路。就新中国面临的国内外环境来看,当时国内经济基础薄弱,工业化水平低,难以满足人民群众物质文化生活需要;国际层面面临着来自资本主义国家的封锁和敌视。更为重要的是,如果中国选择走资本主义道路参与世界分工,仍无法摆脱被资本主义压榨和掌控的命运。拉美国家的中等收入陷阱就是发展中国家无法摆脱资本主义分工的鲜明例证。走资本主义道路参与世界分工,虽然可以借助一定的生产要素比较优势,如劳动力成本低、土地廉价等优势参与世界市场,在一定程度上能获得发展机会,但在深层仍无法摆脱资本主义分工体系对中华民族的框定,具有比较优势的生产要素只能在剩余劳动价值分配中获得较低的劳动报酬。更为尖锐的是,一旦资本主义遇到经济危机或者遇到产业升级时,就会进一步将生产压力传导到以优势生产要素参与世界市场的国家,由此会严重影响发展中国家的经济安全,这是拉美国家陷入中等收入陷阱的根源,也是理解新时代党和国家高度重视统筹经济和安全发展的现实因素。依托具有重大历史变革意义的社会主义制度,中国共产党全面开启了社会主义现代化建设,从人民至上的价值追求、平等的政治权利、公平的社会环境等方面,以极富创造性的探索开启了中国式现代化道路建设。

中国式现代化道路开启的政治前提在社会主义制度的确立,同时新中国还面临着来自国际层面的大考。新中国的建立威胁和影响了帝国主义在华利益,由此受到了帝国主义国家多方面的围追堵截,即新生社会主义政权的现代化建设面临着极为复杂的国际环境。中国共产党领导人民建立政权超出了帝国主义国家的预期,政治上敌视、经济上封锁、军事上威胁是新中国成立初期面临的严峻挑战。1950年爆发的朝鲜战争严重侵犯了中国内政,威胁了中国国家安全。为保卫新生的社会主义政权,党和国家决定以"抗美援朝"实现"打得一拳开,免得百拳来"的战略目标。对新中国来说,抗美援朝是一场严峻的挑战。与美国经济实力相比,新中国的经济发展水平存在巨大差距,作为落后的农业大国难以获得与美国抗衡的经济实力;与美国军事实力相比,新中国的军事实力同样存在巨大差距,美国拥有最强大的军事工业基础,而中国军事工业基础薄弱。中国人民志愿军以顽强意志实现了对拥有强大军事实力美国的抗争并取得了战争的胜利,为社会主义政权和中华民族赢得了尊严,并进一步巩固了新中国独立自主的地位。鸦片战争以来中华民族的"病夫"形象一扫而光,中国共产党领导的军队在抗美援朝中展现出了社会主义的英雄气概,让社会主义中国在精神和军事上赢得了国际社会的尊重。

(二)民主改革和社会主义现代化建设

经历了列强的殖民掠夺、战争的频繁破坏以及国民党的黑暗统治,新中国成立初期面临的是一个百业凋敝、民不聊生的困局,国家的贫困、社会的混乱以及人民生活都处于极端状态之下。正是立足对这种极端状态的理性认识，中国共产党在短短7年时间内实现了从半殖民地半封建社会的旧中国向新民主主义中国的跃升、实现了从新民主主义中国向社会主义中国的跃升，这一伟大历史变迁真正实现了中国经济结构、民主形式的变革，为社会主义现代化奠定了坚实的经济社会基础。

中国共产党领导的民主改革涉及众多领域，在经济、社会等方面真正实现了对人民群众力量的有效激活。在大国小农的基本国情中，土地是最重要的生产资料，为满足人民群众对美好生活的向往，新中国成立初期必须推进土地所有制改革，以满足人口占绝大多数的农民群体获得基本生产资料的需要。1950年的土地改革法放手发动群众，重新分配作为生产资料的土地，真正实现了中华民族千百年来"耕者有其田"的社会理想。土地所有制改革不仅改变了乡村社会的经济结构，而且实现了对乡村社会秩序的深刻重构，广大农民群体成为乡村社会发展的主体能动力量，乡村社会构建起了一种以民主自由为基础的新型社会关系，乡村社会全面迈向了现代化建设进程。与农村民主改革类似，城市企业也开展了卓有成效的民主化改革，以职工代表大会替代了封建把头，真正实现了对企业生产经营和工人发展的双重变革。通过企业领域的民主改革，一方面，彻底消除了阻碍和影响企业可持续发展的剥削，使企业成为社会主义性质的企业；另一方面，以企业民主实现了工人的当家作主权利，广大工人阶级以最高涨的热情全面投入企业生产活动，企业生产面貌得以焕然一新。与农村土地和城市企业相伴推进的还有社会改革，科学教育、社会保障、妇女解放等领域的系统改革，有效发挥了移风易俗和破旧立新的作用，为新中国彻底完成反帝反封建任务提供了物质和文化支持。

第一，科教领域的改革为现代化建设提供了源源不断的高素质人才支持。就新中国成立初期发展科教文化事业支撑现代化发展的历史和现实来看,变革教育体系、发展科技事业成为必然选择。在半殖民地半封建社会的中国,现代教育水平严重落后于社会发展现实,同时现代教育体系中渗透着较为明显的殖民主义。当时高等教育体系中有数量众多的外国学校和神学院,这影响了新中国科教卫生事业的发展。1952年,为适应现代化建设需要,高等院校进入全面调整优化布局阶段。与此同时,中国共产党还成立了领导和规划中国科技发展的中国科学院,以此开启了建设有中国特色的科学研究体系。第二,社会保障领域的改革为激发广大人民群众参与现代化建设提供了源源不断的主体力量支持。为进一步激活广大劳动人民参与经济社会发展的热情,1951年实施了劳动保险条例,保障人民群众的基本医疗、卫生等需求。新中国社会保险制度的建立,持续完善了国家、社会和公民三个层面的医疗保障体系,为广大劳动人民投身现代化建设提供了必要保障。第三,妇女解放运动有效发挥了"半边天"在现代化建设中的作用。在现代化建设进程中,妇女群体的重要性是毋庸置疑的。在半殖民地半封建社会妇女地位低下,新中国以《中华人民共和国婚姻法》、扫盲运动等有效措施实现了对女性社会地位的解放和赋能,为现代化建设提供了源源不断的女性力量支持。经过上述诸方面的改革,新中国涤荡了一切影响现代化建设的阻碍因素,人民群众真正成为国家的主人,中国式现代化建设的宏伟蓝图全面铺开。

二、计划经济体制的确立:中国式现代化道路的物质基础

上文已经多次述及,中国共产党开展社会主义现代化建设的最大挑战在于如何应对资本主义分工的束缚,薄弱的工业基础难以获得参与世界市场的竞争优势,更难以在开放环境中建立起完整独立的工业生产体系。如在市场化、自由化社会状态下,羸弱的民族资本主义注定难以建立起强大完

整的工业体系。在社会主义改造基本完成后,特殊的国内外环境使得计划经济体制成为契合社会主义现代化建设的必然选择:一方面,中国"一穷二白"的烂摊子,必然需要集中当时能集中的一切物力人力来开展现代化建设。工业化建设需要雄厚的物力人力支持,如何募集有限资源开展工业化建设成为当时的重大现实问题。另一方面,资本主义国家敌视新生的社会主义政权,新中国缺少来自资本主义国家基本经贸往来的支持,除少数社会主义国家外,中国难以从世界市场获得开展工业化需要的资源和技术。这也就说明,中国现代化必须依靠自身力量,中国共产党必须对当时的现代化建设做出系统规划,即计划经济体制成为最理想状态的经济发展模式。通过模仿和规划资本主义国家的经济发展结构,制定符合理性原则的经济发展计划,成为社会主义工业化建设的核心策略。那么按照既定发展规划进行理想建设的国民经济和社会发展体制,为经济社会运转提供方向指引的计划经济体制,为什么能成为新中国开展现代化的物质基础呢? 那是因为计划经济体制模仿资本主义经济结构和要素比例开展建设,这种内生合理性契合了新中国现代化建设的需要,避免了有效资源的市场化分散,为社会主义工业体系和国防贡献了重要力量。

(一)计划经济的理性与计划经济体制的启动

所谓计划经济体制实际就是以行政权力为调整和配置资源方式的经济体制,任何资源的投入和产品的分配都需要行政资源介入。事实上一个国家能否实施计划经济体制,取决于国家行政权力对微观经济运行主体的控制能力,而这一控制能力取决于微观主体的经济所有制属性。微观主体脱离公有制的管理,是难以获得经济发展计划调控的。就此来说,社会主义改造是开展计划经济体制的所有制前提,"公有制+按劳分配+计划经济体制"构成了计划经济体制的典型特征。计划经济体制在全国范围内铺开起始于

1956年,尽管此后计划经济体制一直在调整优化,但其调整重心在中央和地方配置资源能力层面,并没有改变行政权力配置资源的核心方式。计划经济彰显了社会主义集中力量办大事的优势,使原本落后的中国迅速建立了独立完整的工业体系和强大的国防体系。不可否认,社会主义建设后期计划经济体制弊端不断显现,然而这并不能全然否定计划经济具有的强大优势和理性基础。

计划经济并不是空穴来风,其形成发展于西班牙、壮大于苏联,就此其有着源远流长的思想和实践发展脉络。计划经济是中国共产党从苏联引进,并在具体历史国情中实现了中国化的发展。莫尔在《乌托邦》中构想的社会形态,建立在对社会需求和分配的计划基础上,他提出要借助元老会议实现对不同地区消费和生产的配置,这是"计划经济的初始形态"。1906年,列宁在论及土地相关问题时,首次提出了"自觉保持的比例性"计划经济概念。斯大林进一步强化了计划经济实践,提出无产阶级政党必须利用计划经济体制实现对经济的掌控。具体来说,国家以计划和行政权力来收集农业生产领域的剩余劳动,并将其按照计划投入工业生产领域,以此社会主义获得建构工业和国防的物质基础。在这个过程中,东方落后国家的苏联建立起了高度集中的经济体制,短时间内建成了强大的重工业体系,成功实现了经济发展的现代超越,由此计划经济体制对新中国经济社会发展和城乡规划产生了直接影响。尽管在新中国成立初期就形成了以国有企业为中心的中央计划经济工作体系,但这种经济工作形态并不是按照苏联模式发展的,其形成发展有着中国的集权历史影响。孙中山提出和构想了计划经济与工业化的关系,他认为国家机关干预和调控经济是必要的。而国民党反动派为了进一步巩固官僚资本主义的垄断地位,成立了以中央集权为依托的资源委员会,试图借助国家政治权力垄断工业建设。

尽管官僚资本主义借助资源委员会实现了对经济发展资源的垄断,对民族资本主义发展带来了负面冲击,但资源委员会积累的制度和经验,为新中国成立初期计划经济探索提供了可以借鉴的经验。民国以来计划经济在中国经济社会发展中具有较强的社会基础,新中国成立后的经济发展呈现出的路径依赖特征。[①]面对新中国成立初期的百废待兴局面,要想使经济社会获得快速发展,必须借助行政权力在宏观层面对经济社会发展进行引导。一是重点突出在国民经济恢复发展中发挥重要作用的经济建设,将有限的资源全面集中到经济建设领域。面对极端贫困的民众、极端落后的生产以及处于崩溃边缘的经济社会,中国共产党以计划经济体制为抓手,将有限的资源投入经济恢复和民生改善领域,有力推进了国民经济社会的良性发展。在经济发展水平落后、经济发展资源有限的大环境中,计划经济能够将最有限的资源配置到最紧缺领域,借此推动了国民经济的良性循环。二是基于社会主义价值追求,进一步完善了社会福利。新中国成立伊始灾民、失业人口等人数众多,有计划地推进和强化社会福利保障,为经济恢复提供稳定的社会基础,成为当时计划经济手段完善社会福利的目的。作为计划经济时代的典型福利模式——单位福利初具雏形,单位成为国家与社会之间的沟通桥梁,为强化基层社会治理提供了强有力的抓手。三是基于巩固新生政权需要,加强国防事业建设。面对新中国成立初期的内忧外患,集中一切资源保障国防事业建设需要,成为捍卫新生政权、开展经济社会建设的内在要求。通过上述三个层面计划经济的落实,新中国成立初期进一步总结和确认了计划经济的优势。

(二)计划经济的历史发展阶段及理性规划

计划经济自使用初期就存在问题,毛泽东、陈云、刘少奇等先后为弥补

---

① 程连升:《筚路蓝缕:计划经济在中国》,中共党史出版社,2016年。

计划经济的不足发表了重要讲话,要求允许市场手段在一定范围内存在,探索以大计划和小市场相结合的形式开展经济建设。如同上文所述,计划经济起始于新中国成立初期,1949—1952年属于计划经济初步发展阶段,当时为了最大程度恢复经济、捍卫政权,需要发挥行政权力来配置公有制经济,为稳定物价水平、繁荣工商业提供物质基础。党的七届二中全会以后,毛泽东指出全党工作重心转向城市,有效在城市开展组织动员和生产管理成为计划经济形成发展的重要历史和现实背景。随着社会主义改造的推进,1953—1957年成为计划经济的提振发展阶段,1952年中共中央出台了相关文件,要求充分利用现有资源开展城市建设和重工业发展。1953年的"一五计划"则进一步确认了以计划优先发展重工业的思路,苏联援建工程相继实施,完整且独立的工业化体系逐步建立。这一历史阶段运用计划经济目的在于为工业建设募集资源,城市功能被定义为从事生产的空间,城市的消费属性功能被最大程度压制,城市规划和建设的出发点在工业生产和重工业,由此为工业建设、为人民生活服务的城市建设成为计划经济发挥作用的重要场域。从1958年到1965年是计划经济体制初步发展阶段,这一时期经济发展面临来自政治领域运动的影响,"大跃进"和人民公社化运动影响了经济发展的正常秩序,计划经济进入了动荡发展时期。随着党的八届九中全会"八字方针"的提出,经济发展形势有所好转,计划经济总体处于动荡发展中,各行各业受政治运动影响处于不稳定发展态势。1966—1976年是计划经济停滞发展阶段,"文化大革命"影响了经济社会的有序发展。文攻武斗的阶级斗争使得城市和乡村、工业和农业之间的差距呈现,国民经济受到社会动乱的严重冲击。1977—1978年是计划经济全面恢复发展阶段,经济发展规划进一步推动了经济发展,为整顿经济、推动改革开放提供了一系列指导方针和政策。计划经济的内生弊端,是客观存在的,以理性为指向、以行政权力为手段来配置资源必然会打击主体能动性,进而影响创新和社会可持续发展,著名经济学家哈耶克认为这是计划经济"致命的自负"。回顾计划经济发展的历程可以发现,计划经济为新中国工业和国防建设提供了坚实的物质基础,这一伟大历史事实不容否定。

在新中国的落后生产力发展背景下,计划经济呈现了明显的理性特征,将有限的资源和人力投入工业体系和国防工业建设,是符合历史和现实的选择,为中国式现代化积淀了雄厚的物质基础。一是计划经济具有在封闭环境开展建设的目标指向意识。计划经济在配置资源过程拥有条块分割、封闭式发展的前瞻思想意识。中央到地方的纵向管理属于条,是以上下指挥为基础的管理模式;地方行政权力进行的是区域块状管理,是以横向平行管理为基础的管理模式。在条块结合的管理模式中,资源配置明显具有封闭化特征,不同单位、不同领域处于相互独立发展的空间中,同时国内经济生产生活亦处在封闭发展态势中,避免了其他领域和国外资本主义对国内经济的干预。封闭社会环境中经济发展的决策权在国家行政权力,只要符合内部平衡的"公理"就符合计划经济的预期。条块化管理为经济发展设定了条条框框,由此压缩了经济生产活动的自主性和创新性。二是计划经济践行的是生产第一,工业和国防优先发展的思想。计划经济时期的城市主要功能是生产,具有消费属性的层面都被最大程度压制了。任何活动都要服务于工业生产建设,工业和国防是经济社会发展的核心内容。在当时的工业和农业、城市和乡村建设中,集中一切优势资源保证生产,为工业和国防建设提供资源保障构成经济发展的核心主题。与此同时,生活也是从属于生产的,个人利益要让位于集体利益,这是计划经济的鲜明时代特征,也是计划经济的内在优势,只有将有限的资源全面集中到生产领域,经济社会才能获得持续发展空间。当然计划经济重视集体忽视个人利益诉求的做法,也打击了劳动者的生产积极性。

计划经济是在经济文化落后的社会环境中,利用行政权力为工业化建设集中有限资源,并全面开展现代化建设的手段。中国共产党运用计划经济成功建立了完备的工业体系和强大的国防体系,为中国式现代化建设积淀了坚实的物质基础,为中国进入世界历史进程参与世界分工提供了强大的物质保障。倘若新中国成立初期没有采用计划经济,没有在相对封闭环境内开展工业和国防建设,那么中国将被资本主义分工体系所掌控,中国式现代化道路将失去获得纵深发展的物质基础。

第三节　现实支撑:社会主义市场经济体制确立完善

实际上一旦建立了工业体系和国防体系,就应立即通过改革开放参与全球市场竞争。通过与全球市场的互动交流,实现现代化生产要素的互通有无,以此为中国式现代化源源不断地提供现实物质支撑。在封闭环境中开展现代化建设的目的和意义,是获得独立参与世界历史的物质基础和发展机会。改革开放实际上是顺应世界历史发展趋势,为中华民族在世界市场配置资源并服务于现代化建设的探索历程。社会主义革命和建设时期配置资源的手段是行政权力,而一旦参与世界历史、进入世界市场就需要形成与市场经济相适应的市场化配置资源方式,即建立起符合社会主义现代化建设需要的市场经济体制成为必然选择。在世界历史的形成发展过程中,作为市场中最活跃的要素,资本"肮脏与罪恶"并存,其既在实践中形成了对落后国家的残酷压迫,也发挥了推动世界各民族走向世界历史的"伟大作用"。在东方落后国家开展社会主义现代化建设进程中,如何对待资本成为关乎社会主义前途发展的重大现实问题。列宁的"新经济政策"是在"战时共产主义"遭遇困境时提出的,是科学社会主义发展进程中第一次思考和回答如何对待资本与社会主义现代化问题。在经历计划经济摸索的基础上,中国共产党把握到了马克思世界历史思想的精髓,全面开启了社会主义市场经济发展道路,由此中国式现代化道路获得了纵深发展的现实支撑。

自十月革命以来,世界历史就处于扬弃资本主义、迈向共产主义阶段,社会主义和资本主义两大社会制度共存成为现实。中国共产党在完成工业和国防建设基础上,顺应世界历史发展潮流,以社会主义市场经济全面参与世界市场,为社会主义现代化建设提供了来自国内和国际市场的有力支持。社会主义市场经济是符合世界历史发展规律的伟大创造,其最大的贡献是激活了现代社会配置资源的资本活力,实现了对资本负面作用的驾驭和导控,在世界历史进程中实现了对社会主义现代化的创新发展。

一、世界历史与社会主义市场经济的理论基础

社会主义市场经济得以形成发展的世界历史背景是,资本主义与社会主义长期共存,社会主义现代化必须充分利用资本和资本主义文明成果来推动社会主义现代化建设。就世界历史发展趋势来看,以社会主义市场经济引入资本,充分发挥资本文明作用,同时最大程度规制资本的负面作用,为激活资本在解放生产力、提升综合国力和人民生活水平提供了制度保障。社会主义市场经济顺应了世界历史发展潮流,为现代化建设提供了必要保障。一方面,它全面激活包括外资、民营等各类资本的积极作用;另一方面,它为中国参与和融入世界市场提供了制度支持,为中国式现代化配置全球资源提供了有利条件。

(一)世界历史视野中的两大社会制度与社会主义市场经济

社会主义市场经济的确立与发展并不是空穴来风,其形成发展有着深刻的理论、历史和现实基础。马克思关于社会主义建设及资本的论述,为社会主义如何利用资本提供了理论资源。十月革命后列宁率先进行了社会主

义现代化建设的探索,先后由战时共产主义转向了"新经济政策"。在这个过程中,列宁进一步加深了对两大社会制度和平共处的认识,认为社会主义需要充分借鉴和学习资本主义文明成果。在两大社会制度共存的世界历史进程中,列宁思考和回答了一国或少数国家取得革命胜利后如何与资本主义国家相处的原则。就此层面来说,和平共处论是列宁对东方社会理论的进一步完善。两大社会制度和平共处的首要前提来自对主权的尊重,只有尊重主权、互不干涉内政,社会主义才能获得发展空间。列宁认为社会主义国家必须掌握经济发展的主动权,坚持在独立原则指导下与资本主义国家开展经济贸易往来,同时要坚持和平原则处理经济矛盾冲突。应该说改革开放以来的社会主义市场经济,正是对列宁"新经济政策"与社会主义建设思想的进一步发展。邓小平指出和平与发展是当今世界的两大主题,社会主义现代化建设需要充分利用世界市场。自十月革命以来,世界历史就处在由资本主义向社会主义过渡阶段,资本主义和社会主义在世界历史进程中相互合作、相互斗争成为时代主题。与此同时,社会主义国家首先诞生在东方落后国家,社会主义现代化只有充分吸收资本主义文明成果,才能推动人类全面迈向共产主义社会。在世界历史进程中,资本主义和社会主义的互动关系是多种多样的,既存在合作交流、相互借鉴,也存在矛盾斗争、相互排斥。作为率先在东方落后国家诞生的社会主义,要在经济社会落后的现实背景下开展社会主义现代化建设,必须在封闭环境中完成工业和国防建设,以此获得参与世界市场竞争的必要物质保障。在此基础上,东方落后国家必须全面深化改革开放并充分吸收借鉴资本主义文明成果,进而为社会主义现代化提供资源和动力。

　　社会主义的本质和社会主义优越性体现在更好更快地发展生产力层面,在遵循科学社会主义基本原则的基础上,加强对资本力量的驾驭和导控,成为社会主义现代化建设的重大命题,即兼顾激活资本文明性和抑制资本消极面,成为以社会主义市场经济推进中国式现代化的核心动力。社会主义市场经济重塑了资本与社会主义现代化的关系,将原本被经典社会主义剔除的资本纳入社会主义现代化进程,以社会主义制度架构真正避免资本对社会主义制度的僭越,同时还辩证把握了与资本主义交往过程中的斗争和合作。换言之,社会主义市场经济为中华民族深度参与世界历史进程,为在和平与发展主题下实现与资本主义长期共存提供了基本制度保障。社会主义进入全球市场的前提是辩证把握两大社会制度的关系,既在世界历史进程中维护社会主义的主体性,又充分利用资本为社会主义现代化建设服务,为东方落后国家开展社会主义现代化建设提供了理论和制度保障。

　　不同于计划经济时期的社会主义现代化建设面临的严酷国际政治环境,改革开放以来的社会主义现代化建设处于和平发展时代,拥有和平利用资本和资本主义的客观环境。新中国成立初期,世界处于革命与战争状态,资本主义国家为扼杀新生的社会主义政权,以经济封锁、军事干涉等手段试图颠覆社会主义政权,包括中国在内的社会主义国家高度重视与资本主义国家之间的斗争,这是导致社会主义拒斥资本、将资本泛意识形态化的现实诱因。一方面,为了有效阻止资本主义国家的颜色革命和政治渗透,拒绝一切资本主义国家资本力量参与社会主义建设,同时由于资本主义的意识形态敌视,社会主义国家不可能获得与资本主义国家深度交往的机会。另一方面,社会主义出于维护政权建设和防止资本主义复辟的考量,压制小商品生产和交换,加剧了社会主义对资本的拒斥。必须指出的是,除上述国际环境影响社会主义现代化对资本的认识,社会主义建设时期拒斥资本的原因至少还包含两个层面:一是当时中国民族资本主义难以担当现代化建设重任,如当时以民族资本推进现代化,势必难以改变附庸于资本主义现代化的弊端,这种缺失独立性的现代化并不能实现民族复兴;二是马克思曾描述了资本原始积累的罪恶、血腥,同时在理论层面指出未来社会是扬弃资本的,这是计划经济时期将资本作为阶级范畴的理论原因。尽管计划经济建立起了参与世界市场的工业和国防体系,为社会主义现代化建设提供了必要物质基础,但行政权力配置资源打击了劳动者积极性,同时其收集剩余劳动价值的方式不利于创新,市场化改革势在必行。故此来说,一旦社会主义国家借助计划经济建立了工业和国防体系就需要引入资本和市场,在世界市场发展进程中配置资源、拓展现代化发展空间。如果继续以计划经济开展社会主义现代化建设,社会主义将被资本主义国家孤立,将脱离世界历史发展潮流甚至将沦为边缘国家,最终同样摆脱不了资本主义生产体系的影响。为此以改革开放紧跟世界历史发展潮流,以社会主义市场经济引入资本和市场开展社会主义现代化建设,成为顺应世界历史潮流的必然选择。社会主义市场经济在充分激活资本文明的基础上,成功实现了对资本的驾驭和导控,与此同时还与资本主义达成了深度合作和交往,社会主义现代化建设呈现出了全新历史面貌。

(二)世界历史视野中社会主义市场经济与改革开放的必然

改革开放的深层本质是破除阻碍社会主义现代化建设的体制机制因素,以马克思指明的方向为目标,全面参与到世界历史进程,来获取现代化建设需要的要素和资源。就此而言,社会主义市场经济的建立和完善与改革开放存在紧密关联,社会主义市场经济体制满足了改革开放的需要,满足了社会主义现代化参与世界市场的需要。随着改革开放的纵深推进,社会主义市场经济体制日趋成熟,中华民族现代化在社会主义初级阶段获得了参与世界市场竞争的上层建筑。就现代化发展规律来说,改革开放与社会主义市场经济不仅是社会主义解放和发展生产力的内在规定,而且是社会主义参与世界历史进程、影响世界历史发展走势的必然要求。改革开放以来,中国与世界历史的互动遵循的是循序渐进的原则,通过经济特区、沿海城市逐步实现了与资本主义经济的深度交往，深度参与了世界历史发展进程。在社会主义市场经济制度下，中国引进了资本主义资金、先进技术、生产管理经验等，以此满足了广大人民群众不断增长的物质文化需要。依赖于循序渐进的改革开放原则，经济体制由有计划的商品经济渐次实现了向市场经济的演变。这种渐进式改革避免了改革开放初期资本主义对社会主义的冲击，同时吸纳了来自资本主义的资金、技术等，为社会主义市场经济的形成发展提供了必要资源和经验支持。冷战结束后世界历史进入新的发展阶段，加快对外开放、建构社会主义市场经济体制，以全方位、多层次、立体化格局深化利用世界市场资源为社会主义现代化服务，成为中国参与世界历史的现实诉求。在这个过程中，社会主义市场经济体制确立并逐渐完善，国际国内两个市场资源都被纳入社会主义现代化建设进程。21世纪加入世界贸易组织以来，中国日益成为世界市场的重要组成部分，日益对世界历史产生了重要影响。此时对引入国外资金和技术水平要求更高，同时国内企业全面走向世界市场寻求合作发展机会，引进来和走出去实现了双向良性互动。显然在社会主义市场经济形成发展与完善过程中，社会主义拥有了整合和优化全球范围内资源为现代化服务的能力。社会主义市场经济在世界历史进程中获得了进一步完善，并为中国全面参与和影响世界历史进程提供了保障。

社会主义市场经济是中国参与世界历史和世界市场的体制保障，是全球化语境中改革开放的重要制度创新。中国在经济制度层面实现了从公有制到公有制为主体、多种所有制经济共同发展的转变，各类所有制经济全面参与世界市场，为社会主义现代化配置了各类资源。改革开放是中国共产党立足世界历史发展趋势，充分运用资本和市场为社会主义现代化配置资源的伟大历史实践。在与资本主义交往过程中，社会主义必然要遵守两大社会制度和平共处原则，同时还要以制度充分激活各类资本参与生产的主动性,这在客观层面构成了社会主义市场经济发展完善的动力。市场经济最大特色在以市场配置资源,一切生产要素都要被资本纳入市场,社会主义市场经济是借助资本形式实现对生产要素的资本化转化。迄今为止,人类将剩余劳动投入在生产领域最积极主动的是资本,它源源不断地将各类资源纳入生产系统,迅速解放和发展了生产力,创造了人类经济发展奇迹。资本配置资源需要最广泛的流动性,社会主义利用资本开展现代化建设最大的阻碍在体制机制限制,为此改革开放以来,中国共产党对制约市场经济发展的要素进行了改革。计划经济对劳动力和各类生产要素有着严格的限制,限制了剩余劳动价值的积累和转换。在市场经济环境中,劳动力获得了最大的自由流动空间,剩余劳动价值经过积累转换,可以进入社会扩大再生产领域。基于计划经济和市场经济的对比,资本与市场之间存在天然联系,资本需要自由流动的市场环境,社会主义市场经济为社会主义运用资本开展现代化提供了市场环境和制度保障。就国内经济发展来看,社会主义市场经济为激活各类资本提供了市场环境,资本实现了对各类生产要素的自由流通和配置;就国际经济发展来看,社会主义市场经济为中国与世界市场之间提供了经济交往基础,中国获得了融入世界、推动世界发展的抓手。一言以蔽之,社会主义市场经济不同于资本主义市场经济,是既利用了市场优势又兼顾了社会主义价值取向,为中华民族参与融入世界历史起到了助推作用。

社会主义市场经济契合了社会主义现代化建设的内在需要,在充分激活资本作用的同时,有效彰显了社会主义制度的优越性,符合了改革开放时期完善和发展社会主义经济制度的需要。与此同时,社会主义市场经济把握和顺应了世界历史发展潮流,为在资本主义主导的世界历史进程中配置现代化需要的资源提供了现实支撑,是具有高度原则性和灵活性的体制。

二、世界历史场域中的社会主义市场经济实践

在世界历史场域中开展社会主义现代化建设,最根本最核心的任务在于把握资本的历史作用,为社会主义市场经济实践提供理论指导,为中国式现代化建设积蓄物质力量。世界历史进程中的资本主义和社会主义关系,是社会主义市场经济理解和对待资本双重特征的现实遵循。引导和驾驭资本的消极面,为中国式现代化道路清除资本消极性和资本主义的寄生性,是世界历史场域中社会主义市场经济实践的核心任务。

(一)世界历史进程中的资本范畴及其历史作用

走向现代化是人类社会生产力发展进步的必然结果,是世界各民族孜孜以求的奋斗目标。就现代化发展的历史阶段来看,人类主要经历了工业化和信息化两个时期。这两个时期是世界历史形成发展并呈现新的变化特征的时期,也是世界各民族主权国家建立普遍交往和联系、走向整体化的进程。资本主义大工业生产方式契合了资本增殖扩张需求,同时资本增殖扩张也极大地推动了工业生产和工业文明的发展,以此创造了世界普遍联系和交往的整体。在一定意义上,工业生产方式是世界各民族国家走向现代化必须采用的生产方式,即与工业生产方式相对应的资本增殖成为各民族国家走向现代化需要辩证审视和对待的范畴。社会主义改造基本完成后,资本一度消失在了社会主义现代化建设进程中。社会主义公有制经济来源于对帝国主义和官僚资本主义的没收及对民族资本主义的改造,也就是说,尽管中国资本主义发展不充分,但其依然为社会主义现代化提供了物质基础。党和国家主要领导人也并未在改造完成后形成排斥资本的态度,问题在资本主义国家对社会主义中国的意识形态敌视及各种手段的围追堵截,

导致了资本和资本主义的泛意识形态化关联。一方面,中国缺乏与资本主义国家进行必要经贸往来的社会基础,社会主义必须独立自主地开展社会主义现代化建设;另一方面,近代以来中华民族追寻现代化的惨痛教训,警示中华民族在经济落后状态下选择资本主义现代化道路,仍难以摆脱被资本主义殖民掌控的命运,甚至选择资本主义现代化道路还有可能葬送新民主主义革命果实。换言之,在封闭状态下借助行政权力最快建立工业和国防,符合社会主义现代化的内在要求。需要正视的是,一旦社会主义获得参与世界市场和世界历史的物质基础,就必须通过改革开放参与资本主义世界体系,以此来获得社会主义现代化的各类资源要素。

就世界历史发展趋势来看,社会主义要实现对资本主义世界历史的扬弃,必须借鉴资本积极作用充分发展生产力。由于特殊因素的影响,社会主义建设时期形成了对资本的形而上学认识,导致了资本与社会主义现代化的对立。尽管计划经济建立起了完整的工业体系和强大的国防,但重工业、轻工业以及农业之间存在明显的比例失衡,生产力发展水平特别是人民生活水平并没有得到实质性改善。直到改革开放融入世界历史潮流,全面激活包括资本在内的一切积极要素为社会主义现代化建设服务,生产力和人民生活水平才获得了改善空间。中国特色社会主义伟大事业全面展现在了世界历史进程中,社会主义市场经济既充分发挥了国内各类资本力量,也实现了对资本主义资本的有效激活,中国真正走出了驾驭资本、扬弃资本的中国式现代化道路。经过改革开放40多年来的接续发展,中国建成了人类现代化发展历史上具有领先水平的工业化、信息化,中国国内生产总值跃升世界第二,人民生活水平实现了翻天覆地的变化。

就人类现代化历史发展进程来看,资本是现代化组织生产和再生产离不开的关键范畴,是人类现代化必须重视和激活的关键要素。迄今为止,没有任何权力能够取代资本在占有剩余劳动价值投入再生产层面的积极能动作用。在这个语境中,社会主义现代化同样离不开在组织生产和再生产中占有强大动员力量的资本。马克思指出,东方落后国家要开展社会主义现代化建设,前提基础是充分占有资本主义文明成果。在世界历史进程中,资本主义生产方式占有历史比较优势,激活利用资本成为社会主义组织物质生产的重点方向。同时需要指出的是,资本并不是永恒的范畴,其自身存在二律背反的矛盾,因而社会主义利用资本需要最大限度实现对其消极作用的控制。社会主义利用资本和市场并不是否认计划经济,生产力与生产关系的辩证关系,有效论证了计划经济的历史合理合法性。尽管计划经济在资源配置方面存在弊端,但其在封闭环境中为社会主义现代化建成了工业和国防体系。当时无论是依靠内部民族资本主义还是国外资本主义,中国都难以建立起工业体系,即要实现从农业国到工业国的转变缺少现实基础。以计划经济集中有限资源开展工业和国防建设,全面激活人民群众的生产积极性,成为社会主义建设时期现代化建设的现实必然选择。一旦工业和国防体系建立,中国拥有参与全球分工的物质基础,顺应世界历史进入全球市场,引入和激活资本主义文明成果在社会主义现代化建设进程中的作用,是世界历史对社会主义现代化的内在规定。

在世界历史形成发展演进过程中,资本发挥了关键驱动作用,是人类现代化建设需要重点关注和激活的核心经济要素。社会主义现代化作为在发展趋势上更具领先性的现代化模式,必然离不开对资本和资本主义范畴的扬弃,这是社会主义市场经济的使命所在,也是世界历史进程中社会主义现代化建设的演进方向。一旦脱离具有比较优势的资本和资本范畴,一旦脱离世界历史发展潮流,社会主义的历史必然性及社会主义制度优势皆难以获得实现的物质载体基础。

(二)世界历史进程中社会主义对待资本的原则

社会主义市场经济是中国共产党在社会主义制度架构内充分激活各类资本为社会主义现代化建设服务的原创性探索,是对马克思主义政治经济学理论的继承、创新和发展。社会主义初级阶段需要充分激活一切力量解放和发展生产力,由此历史地生成了以公有制为主体、多种所有制共同发展的所有制形式。在社会主义制度架构内激活资本解放和发展生产力的根源在于,初级阶段经济发展水平不高、经济发展不平衡,社会主义现代化尚未全面实现。同时资本主义生产方式总体上型构了人类现代化发展需求,是社会主义在世界历史进程中可资借鉴的经验,是社会主义实现弯道超车的经济社会基础。以资本增殖为轴心的资本主义生产方式,能最大程度汇集剩余劳动价值投入社会再生产,创造了资本主义社会的文明景观,为人类现代化贡献了资本主义现代化模式。问题在于资本主义生产方式存在严重弊端,为追求剩余劳动价值最大化,资本要竭尽全力将人、生态和社会劳动的自然力投入生产过程,同时丝毫不顾及劳动者、生态环境和社会劳动的可承受边界,由此决定了资本主义现代化没有未来。随着资本对剩余劳动价值追求的无节制、无限度推进,资本呈现了脱离实体转向金融的趋势。金融资本意味着资本增殖脱离了资本周转和资本流通过程,一方面,金融资本控制了整个社会经济发展体系。各行各业发展需要依靠来自金融资本的投资和支持,同时各行各业成为为金融资本服务的依附产业。另一方面,金融资本与实体经济之间的发展不平衡不对等使得金融资本日益演化成独立发展演化的范畴,虚拟经济日益膨胀为超出经济发展现实的泡沫。概言之,金融资本蚕食了实体经济的发展延伸空间,使得资本主义日益接近马克思言明的"灭亡"状态。就世界历史发展趋势来看,资本主义绝非人类社会发展的终极社会形态,资本主义内生矛盾加速推进了社会主义的诞生,推进了世界历史的升级发展演绎。上述资本主义现代化发展的种种,构成了社会主义现代化形成发展的社会基础。社会主义现代化建设需要遵循人类社会发展演进规律,以科学理性的态度对待资本,并为推进世界历史从资本主义社会向社会主义社会方向发展贡献力量。故此,资本成为社会主义现代化建设的关键范畴,是社会主义向共产主义社会演进绕不开的范畴。

社会主义初级阶段驾驭资本为社会主义现代化建设服务的终极核心意图,在于"利用资本消灭资本"。马克思指出资本主义生产方式终将被共产主义所扬弃,中国共产党在社会主义初级阶段激活资本的目的在于解放和发展社会主义生产力,为进入更高层级的社会形态储备物质基础,终极目标在实现共产主义。把握利用资本建设社会主义现代化的任务指向,可以更精准认识到社会主义对待资本的原则。片面强调资本所具有的积极作用或消极作用,偏离了马克思对资本的论述,偏离了社会主义现代化建设实际。以马克思主义为指导,立足世界历史发展趋势,科学理性对待资本和资本主义,为发展生产力、提高综合国力和人民生活水平贡献力量,是社会主义市场经济利用和对待资本的关键遵循。与资本主义不是永恒的范畴一样,社会主义市场经济也会在完成其承担的历史使命后被更高层级经济体制所替代。即在世界历史发展语境中,计划经济和市场经济获得了内在融通,这两种性质存在巨大差异的经济体制并不是绝对对立的,二者在社会主义现代化建设进程中拥有共同的目标指向,采用何种经济体制取决于社会主义现代化需要的具体历史任务。在新中国没有工业体系和国防体系的时候,集中优势力量开展国防和工业建设是现代化建设的内在要求,此时计划经济契合了落后生产力集中优势资源开展现代化建设的需要。在新中国建成工业和国防体系的时候,顺应世界历史发展要求建立社会主义市场经济体制,成为世界历史对社会主义现代化建设的规定。社会主义市场经济体制契合了在世界历史进程中驾驭资本建设社会主义现代化的内在需要,符合马克思主义理论的精髓要义。马克思在理论层面指明了人类终将走向扬弃资本和资本主义的社会形态,列宁在东方落后国家进一步探索了如何开展社会主义现代化建设的规律。中国共产党在马克思理论和列宁实践基础上,顺应世界历史发展潮流,以社会主义市场经济的创新实现了在社会主义制度架构内对资本的利用和激活,成功开创了中国式现代化道路。

在21世纪的世界历史发展进程中,社会主义现代化建设要彰显出制度优势,需要充分激活资本力量,以更快速度更高质量的发展创造出为人民群众服务的物质基础。社会主义现代化建设取得的举世瞩目成就,意味着中国式现代化道路为人类现代化建设做出更卓越贡献,为世界历史开辟新的现代化类型、为世界历史向着马克思指明的方向、为人类走向更高级的社会形态做出了不可磨灭的历史贡献。从世界历史的时间维度来看,社会主义市场经济是对社会主义初级阶段的深刻把握,是符合基本国情和世界历史发展趋势的经济体制,为在世界历史进程中创造更有利于中国式现代化建设的社会条件贡献了力量;从世界历史的空间维度来看,社会主义市场经济精准把握了世界历史对社会主义现代化建设的影响,有助于更精准认识两大社会制度的关系,有助于更高质量开展社会主义现代化建设。

第五章

引领世界历史：中国式现代化道路的历史贡献 ▶▶▶

　　中国式现代化道路形成发展与世界历史存在紧密关联逻辑，同时其对人类社会的影响意义亦在对世界历史进程发展走向的深远影响层面。从历史发展角度来看，中国式现代化道路的最大历史贡献在于影响并改变了世界历史发展走向，其在资本主义世界历史进程中开辟了新的世界历史方向，为人类现代化提供了新的可能。马克思世界历史思想在理论层面阐述了人类终将开启新的世界历史类型，终将走向获得自由全面发展的社会形态。世界历史从时间和空间两个层面框定了中国式现代化道路的产生发展逻辑，以整体和部分的关系阐释了东方落后国家缘何开展社会主义现代化建设的种种因由。中国式现代化是在资本主义世界历史进程中形成发展的，是在融入资本主义世界历史发展进程中形成并影响世界历史发展的新型现代化道路。作为一条迥异于资本主义现代化的道路，中国式现代化道路开辟了人类现代化的非资本主义模式，并以举世瞩目成就诉说了其发展的无尽生命力。

　　中国式现代化道路是社会主义属性的现代化道路，其将沿着马克思所言明的未来理想社会形态前进,将对世界历史前进方向产生重大而深远的影响。马克思以深邃的语言阐明了共产主义取代资本主义的历史必然性,中国共产党以中国式现代化进一步验证了人类终将走向新的扬弃资本主义现代化的世界历史进程。人类近代以来主要处于资本主义主导的世界历史阶段,这种世界历史为人类社会发展前进指明了方向,为人类现代化贡献了具有历史比较意义的资本主义现代化。问题在资本主义生产方式的内在矛盾,逻辑映现到了其主导的世界历史发展进程,资本增殖至上、西方中心主义、"普世价值"观念深刻影响了世界历史发展走向。无论是国际经济政治秩序还是全球治理过程,都充斥着一切为资本服务的弊病,这在历史和现实中给人类带来了深重灾难。中国式现代化是一条非资本主义的现代化道路,其诞生发展于资本主义主导的世界历史进程,是以扬弃资本主义世界历史不公平、非正义为指向的新型现代化。资本主义为服务资本增殖建构的"普世价值"体系,成为掣肘世界和平发展的深层价值;而中国式现代化以共同价值追求实现了对"普世价值"的引导和纠正,为世界历史注入了新的价值理念支持。更为重要的是,中国式现代化道路改变了苏东剧变以来世界社会主义力量,为世界历史贡献了新的主体力量支持。

第一节 指明方向:人类终将走向新的世界历史类型

马克思基于资本主义生产方式的内在矛盾揭示了世界历史的不可持续性,为人类走向理想社会形态、开启新的世界历史类型锻造了理论武器。马克思之后的列宁及中国共产党在马克思世界历史思想基础上,以社会主义道路形塑和开创了新的世界历史。苏东剧变以后社会主义一度在世界历史进程中陷入低谷,西方诸多学者对马克思指明的新的世界历史在何种意义上是可能的、是具有未来战略预期的产生了疑问,世界社会主义运动将走向何方、资本主义是否成为人类社会形态演进的终结,成为社会主义现代化在世界历史进程中必须回应和解答的现实问题。世界历史建立在工业生产和交换的历史基础上,是资本主义生产方式建构起的现代化历史发展进程。马克思深刻揭示了建立在人类社会历史发展基础上的世界历史,并指出资本主义生产方式主导世界历史存在种种弊病,这为孕育新的世界历史类型提供了现实条件,为人类指明了新的世界历史前进方向。

一、马克思世界历史思想与中国式现代化的破局

现代化孕育于现代社会,是人类追求文明发展的状态和道路。马克思生活在资本主义全球扩张的年代,世界范围内日臻完善的分工和生产,严重削弱和压制了落后的民族生产空间,这是他洞悉人类走向整体性世界历史进程的客观现实。工业革命以来,世界历史快速形成并纵深发展,后发国家要实现民族解放和国家富强必须选择现代化道路,这是人类社会历史浩浩汤汤发展潮流的必然。马克思的世界历史思想为理解现代社会与资本主义社会、现代文明与资本主义文明提供了具有前瞻性的指导理论。相比较于前现代社会,马克思生活的资本主义社会就是现代社会。就上述来说,现代社会与资本主义生产方式之间存在紧密关联逻辑,资本主义生产方式瓦解了封建生产方式建立起了具有现代意义的资本主义社会。即现代社会属于形态学范畴,不属于编年体描述的范畴,是理顺市民社会和国家关系建构起的社会形态。现代化进程与世界历史发展之间存在深度耦合逻辑,现代社会生产方式的历史性变革与人类走向世界历史存在一致性,资本主义创造了具有历史唯物主义基础的现代文明。

(一)历史向世界历史的转向:人类现代化的发展历程

人类历史走向世界历史有着深刻的现实历史基础,资本主义生产方式的全球化延展是世界历史形成的物质基础,同时这也构成人类现代化的发展基础。人类历史从民族转向世界历史的理论基础在历史唯物主义,正是借助历史唯物主义,马克思建构起了分析人类未来历史发展走向的世界历史思想体系。黑格尔的历史意识和费尔巴哈抽象的人是马克思建构历史唯物主义的靶向,借助对其二者的头脚倒置般的人与历史关系的批判,马克思确认了从观念的历史转向现实的历史,为建构起科学的唯物主义史观奠定了第一步。黑格尔将历史视为抽象的、思辨的表达,历史是不属于现实个人的历史;费尔巴哈设定的人同样不属于现实的历史的主体;黑格尔和费尔巴哈一直在历史观念中兜圈子,并没有触及人类社会历史发展的现实基础。与唯心主义历史观不同,马克思的历史唯物主义观念并不是在每个时代发展过程中寻找某种范畴,而是以现实的具体的历史现实为基础,摒弃了黑格尔、费尔巴哈以抽象观念解释人类社会实践的弊病,建立了从具体物质实践来解释和考察各种观念形态的历史唯物主义。

从民族历史转向世界历史的现实表现是资本主义生产方式的确立,资本主义以此确认了其在物质生产领域的绝对性存在。与封建生产方式的自给自足、守土重迁不同,资本主义生产方式具有极强烈的脱域性特征,资本增殖建立在最大程度占有剩余劳动最大范围内获取市场的基础上。马克思敏锐地捕捉到了资本主义时代物质生产方式的特殊样式,即脱离了资本主义生产方式内在矛盾难以精准把握和理解现代性的本质。在资本增殖逻辑的强势驱动下,资本主义生产方式打破了民族主权国家和地理边界的重重限制,将原本诞生于欧洲的资本主义生产方式拓展到了世界各地并使其真正成为世界历史性的生产方式。世界各地之间的相互影响范围和程度不断加深，各民族之间在前现代的独立封闭生产状态彻底消亡，这一切都得益于资本主义生产方式的全球化扩张，人类在事实层面上构成了世界历史。就人类现代化建设历程来看，人类历史的世界历史转向具有划时代意义，原因在相比较于封建主义生产方式，具有历史比较优势的资本主义生产方式在世界范围内确立了。如果单纯就资本主义生产方式与现代化的狭隘关系来理解现代化，可以发现历史唯物主义视野下的现代化实际是资本主义生产方式具体展开过程。这里不是基于进步性，也不是以更宽泛或者更模糊的视角来理解现代化，而是基于物质生产基础将其界定为人类社会历史发展的客观过程，即生产方式在现代化形成发展过程中具有决定性作用。换言之，现代范畴建立在工业大生产形态基础上，大工业生产是界定世界历史的关键坐标。在资本主义大工业生产方式起决定性作用的时代，人类现代化离不开对资本主义生产方式的关注，人类现代化的矛盾样式离不开对资本主义生产方式的聚焦。

　　世界历史是资本主义生产方式跨越国界形成的历史进程，现代化过程中的矛盾由此展现了世界历史进程。资本主义主导和推动的世界历史契合了资本主义生产目的，作为一个兼具资本主义生产方式必然性和否定性的运动过程，世界历史呈现出了生产力发展的内在要求和人类历史发展的张力关系。资本主义在世界范围内创造的文明景观和繁荣景象，特别是其吹捧的"普世价值"观念，本质是为资本增殖服务的，绝大多数民族和国家都处在被压迫剥削层面。一旦被压迫主体力量难以承受资本对剩余劳动的无穷尽占有趋势，资本主义在全球范围内建构的文明景观将失去现实基础，这是21世纪资本主义出现种种崩塌迹象的深层根源。马克思阐明了资本主义现代化与世界历史发展进程的同构性。一方面，世界历史内在规律的现实展开基础在现代化，没有现代化进程的支撑，世界历史就难以获得开展的物质基础。世界历史发展规律及其展开的现实载体在现代化，同时由于资本主义现代化与世界历史的同构性,世界历史发展规律就展现在了世界历史进程中。另一方面,资本主义生产方式的内在矛盾决定了世界历史进程的不可持续性。资本无休止占有对剩余劳动价值的欲望,决定了人类不可能都走向资本主义现代化。资本主义现代化标榜的文明模式建立在牺牲其他民族国家发展基础上,其文明景象及现代化话语体系是资本主义国家为后发国家走向现代化编织的陷阱。资本主义标榜其文明至上的目的,在引导后发国家以资本主义为榜样,服从资本全球分工秩序,源源不断地为资本主义现代化提供剩余劳动价值。马克思揭示出了资本主义现代化的内在矛盾,批判了资本主义主导世界历史的种种症候,为社会主义现代化探索指明了方向。如何破解资本主义现代化不可调和的矛盾,如何避免资本主义主导世界历史的不可持续症候,成为人类必须破解的难题。近代以降的世界历史事实说明,人类要真正获得解放必须回到马克思指明的语境,必须沿着马克思指明的方向前进;必须关注中国式现代化的探索,必须关注中国共产党在世界历史进程中的贡献。

(二)中国式现代化道路生成:新世界历史的提前破局

资本主义主导世界历史终将走向共产主义阶段,这一转向有着理论、历史和现实的内在必然性。马克思倾其一生研究资本和资本主义,以科学深邃的理论指明了人类将走向理想共产主义社会形态的历史趋势。按照社会形态演进一般规律,共产主义建立在扬弃资本主义社会的现实基础上,只有充分占有资本主义文明成果,共产主义社会才具有现实可能性。同时按照"两个决不会理论"来审视社会主义革命,社会主义需要同时具有革命主体和物质基础,只有在资本主义生产力发展到不能容纳的程度,无产阶级承受的剥削达到无法承受的程度,社会主义革命才会爆发。与马克思的理论研究存在落差,马克思晚年时期资本主义以民主形式缓和了劳资矛盾,并将从世界各地源源不断掠夺来的财富用以改善工人阶级生活环境,资本主义国家内部失去了开展社会主义革命的主体力量。反观东方落后国家面临帝国主义、封建主义等多重势力的压迫,包括无产阶级在内的广大劳动人民处在水深火热之中。随着劳动人民的贫困积累,东方落后国家率先具备了开展无产阶级革命的主体力量,这是马克思关注东方社会开展社会主义革命的现实原因,也是中国式现代化道路率先在世界历史进程中破局的现实主体力量基础。

世界历史进程中的社会主义革命必须同时具备物质基础和革命主体条件,而资本主义生产方式的内在矛盾创造了社会主义革命条件:一方面,资本无限制扩张创造了丰富的物质财富,实现了资本的积累;另一方面,被资本增殖逻辑纳入生产体系的无产阶级日益贫困化,实现了贫困的积累。生产力高度社会化创造了物质积累条件,同时无产阶级贫困创造了革命主体条件,在财富积累和贫困积累的尖锐悖反中,社会主义革命就爆发了。如果资本主义始终在发达国家内部从事生产活动,社会主义革命将在这些国家内部获得胜利,这也符合马克思的理论设想。问题在资本通过全球扩张将社会主义革命必需的两大条件进行了地理空间的分离,资本积累在发达国家,贫困积累转移到了发展中国家。[1]为缓和日益尖锐的社会矛盾,资本主义通过资本输出实现了矛盾的全球转移,这是资本主义生产方式全球扩张的过程,也是世界历史向纵深发展的过程。资本主义全球扩张形成了与马克思时代迥然不同的世界结构,作为中心的资本主义国家和作为边缘的发展中国家成为世界历史的两极,这种结构意味着原本集中在资本主义国家内部的资本积累和贫困积累实现了分离。就世界社会主义革命条件来看,

---

① 鲁品越:《社会主义诞生条件的分离与中国特色社会主义基本特征》,《马克思主义研究》,2013年第8期。

无论是物质基础还是革命力量都具备了,但是它们在世界历史时空下发生了分离。发达资本主义拥有高度发达的社会生产力,并以此为基础建构起了消解无产阶级革命意志的福利社会,资本主义国家失去了革命主体条件。资本主义建立福利社会的成本并不是由国内无产阶级承担的,殖民地、半殖民地承担了资本主义福利社会建设成本。这也就是说处于"死亡威胁"之下的革命主体转移到了落后的发展中国家,资本主义生产方式的矛盾,尖锐地集中在发展中大国的无产阶级身上。社会主义成为资本主义体系边缘地带矛盾最为尖锐、压迫最为严重大国的必然选择,无产阶级政党成为边缘落后国家开展社会主义革命的坚定领导力量,借此饱受资本主义国际分工体系压迫的东方大国率先进行了无产阶级革命,率先在世界历史进程中开启了现代化建设,为新的世界历史产生积淀了物质和主体力量。

作为资本主义主导世界历史必然结果的共产主义,诞生于资本主义生产方式的自我解放。作为东方落后大国的中国要走出实现民族复兴、国家富强的现代化道路,需要充分把握世界历史发展态势。社会主义诞生条件的分离使得中国只具有开展社会主义革命的客观条件,为此中国开启了一条有别于资本主义现代化的新道路,这一道路建立在对资本主义生产方式的积极扬弃基础上。资本主义主导的世界历史进程依然处于人对物的依赖阶段,率先在东方落后国家开展的社会主义现代化物质基础更为匮乏。从世界历史发展的内在规律和未来趋势来看,资本主义现代化是不可能实现自我救赎的,其生产方式的内在矛盾注定其发展的暂时过渡性;社会主义现代化是拯救人类、获得未来发展空间的唯一路向。世界历史是人类社会一般演进规律的必然结果,资本主义生产方式开辟的现代化道路不仅没有证伪世界历史发展的一般规律,而且验证了人类社会历史发展演进形态的特殊性,在深层机理层面论证了社会主义现代化道路的理论和现实的可能性及可行性。正是基于资本主义生产方式的不可持续性,世界历史要获得持续发展空间必然需要开辟新的类型。中国式现代化道路形成的发展起点来自资本主义生产方式的内在矛盾,核心指向亦在化解资本主义生产方式的内在矛盾,为实现人的自由全面发展贡献力量。就此而言,中国式现代化道路是形成发展在世界历史进程中的新型现代化。中国式现代化深刻回答了中国共产党如何在资本主义主导世界历史进程中进行现代化破局,如何在世界历史进程中实现历史发展一般规律和特殊样态的内在统一,并以此为人类现代化建设提供了新的道路选择。

二、中国式现代化道路与走向新的世界历史通道

社会主义与资本主义共存改变了世界历史发展格局,中国式现代化道路形成不仅意味着世界历史拥有了崭新开端,而且为人类社会获得可持续发展空间指明了新的世界历史方向。资本主义为实现资本增殖而罔顾劳动人民群众生存发展权益、罔顾世界其他民族发展空间的行径,引发了日益严重的社会问题,众多理论工作者对此开展了一致性批判。为拯救人类未来发展走向,马克思创构了为无产阶级和人类解放服务的理论体系。列宁沿着马克思的理论首次进行了社会主义探索,中国共产党在马克思和列宁基础上则进一步推动了社会主义现代化建设,创建了破解资本主义现代化和资本主义主导世界历史弊病的中国式现代化道路。十月革命寓意着世界历史正式进入了两大社会制度共存时代,遗憾的是列宁以十月革命开创的社会主义探索失败了,人类究竟如何走向新的世界历史成为社会主义必须回应的现实问题。中国共产党充分吸取了苏联社会主义现代化建设的经验教训,走出了一条符合中国具体历史国情的现代化道路——中国式现代化道路,为人类走向扬弃资本主义世界历史的新世界历史开辟了历史通道。换句话说,中国式现代化道路秉承马克思主义对新的世界历史的追求,在世界

历史进程中全面开启了人类走向新的世界历史的通道。历史事实说明,资本主义主导的世界历史没有未来,人类要获得持续发展空间需要深度关注中国式现代化,需要充分关注中国式现代化开启新的世界历史通道。

(一)总体性的世界历史及内在不可调和的矛盾

世界历史是一种总体性关系,是资本在全球扩张进程中组织建构的总体性生产关系基础上形成的历史进程。在资本主义生产关系的推动下,人类形成了一个无休止扩张的社会过程。以资本增殖为唯一目的的资本,必须为自身生产剩余劳动拓展新的投资空间,这是资本一次次扩张的深层动力来源,由此整个世界被卷入资本增殖过程,并形成了世界历史。作为总体性的世界历史,其形成起源于资本主义生产方式的物质实践,因此任何脱离资本全球扩张事实对世界历史的解释都是空洞无力的。经济全球化实现了资本主义文明的全球复制推广,同时实现了经济权力和政治权力的相互转化,为资本主义建构全球霸权扫清了障碍。资本主义的全球复制和推广,结束了民族国家孤立发展的历史状态,为进入共产主义社会形塑了前提条件。资本主义创造世界历史的过程,充满了血腥的殖民活动。借助野蛮的殖民活动,资本主义获得了物质积累的资源和市场。资本本性以占有剩余劳动实现自身增殖为唯一目的,只有源源不断地获得资本体外扩张空间,资本增殖逻辑才能获得维持运转的现实物质基础。以"枪炮政策"为代表的殖民活动、以经济掠夺为代表的工农业产品交换,以及以社会达尔文主义为代表的精神文化,为资本主义主导世界历史廓清了种种障碍。资本主义占有剩余劳动的秉性必然会引发不同国家之间的矛盾,不同国家为争夺殖民地和资本扩张空间形成了尖锐矛盾,由此引发了两次世界大战。一战诞生了社会主义国家苏联,二战产生了包括中国在内的社会主义阵营,这为纠偏资本主义世界历史提供了现实可能。两次世界大战结束后,民族国家独立、殖民体系瓦解,资本主义重新建构起了掠夺发展中国家劳动价值和物质财富的霸权主义秩序。在霸权主义世界秩序主导下,发展中国家日益处于世界历史进程的边缘位置,同时随着全球经济政治的一体化发展,后发国家对变革国际政治经济秩序提出了更高要求。

霸权主义世界秩序寓意着资本主义主导的世界历史进程充斥着尖锐矛盾,资本主义全球扩张,只关注资本增殖而不顾他国民众生活的做法,严重压缩了世界历史的可持续发展空间,带来了日益尖锐的矛盾。在政治层面,霸权主义秩序将世界分裂成了资本主义国家和被资本主义假设为敌人的国家。为实现利益最大化,资本主义人为制造矛盾和冲突来巩固霸权秩序,这使得某些地区的政治、经济、文化等关系错综复杂。霸权秩序制造的矛盾同样构成了资本扩张阻力,并使得资本主义内部矛盾尖锐化地表现出来。在经济层面,霸权主义的寄生方式使得资本主义国家内部产生了尖锐化的社会矛盾和危机,同时资本主义与发展中国家的经济矛盾亦日益尖锐。垄断资本在全球范围内的产业转移日益造成国内产业空心化,同时经济脱实向虚严重影响了国内劳动人民的收入水平。资本主义福利社会建设成本主要来自金融资本对全球剩余劳动的占有,而全球市场的不确定性及债务危机影响了福利社会建设。在经济危机层面,霸权主义秩序实现了对全球劳动价值的分割,这种分割严重分化了发达国家内部的群体力量,尖锐化的就业矛盾和债务危机,使得资本主义国家内部民粹主义盛行,由此形成了所谓的"逆全球化"潮流。资本主义离不开对全球市场空间的源源不断占有,所谓的"逆全球化"潮流并不是资本主义真的要离开全球市场,而是资本主义不想承担全球化责任的矛盾展现。资本主义想要获得全球化收益,但不想承担全球化进程的气候、风险变化责任;想要获得金融资本收益,同时还想引进工业资本解决失业问题;想要依靠发展中国家的剩余价值维持福利社会,又不想承担债务危机,等等。如此种种矛盾现象表明,资本主义霸权只想享受世界历史进程带来的益处,同时拒绝付出任何成本,他们将资本全球扩张衍生出的问题归结为全球化、归结为某些国家"不听话",这是近年来逆全球化和国际社会乱象的根源所在。

霸权主义世界秩序的种种困顿预示着资本主义主导的世界历史日益走向山穷水尽,世界历史在客观层面需要新的历史突破。自改革开放以来的中国日益成为世界历史发展进程中的重要组成部分,为扬弃霸权主导的世界历史进程做出了重要贡献。在事关全球人类发展命运、事关世界历史发展走向的重要历史关口,能够承担和解决世界历史发展困境的新型现代化道路出现了。中国式现代化道路是在总体性世界历史进程中产生并对世界历史产生深远影响的新型道路,其以符合全球生产力发展水平和人民利益的追求,为国际秩序和世界历史发展开启了新的可能。构建人类命运共同体主张深刻反映出世界历史从霸权主义向新型世界秩序转换的必然趋势,人类获得了走向未来共同体形态的雏形。

(二)中国式现代化道路对新型世界历史的建构

马克思深刻批判了建构在资本增殖逻辑基础上的世界历史,为人类描摹了一个扬弃资本主义的新世界历史,这既是中国式现代化道路的前进方向,也是中国式现代化建构新型世界历史的逻辑遵循。无需赘言,资本主义世界历史内含了精致的利己主义。资本为实现自身增殖罔顾世界他国发展权益思维行为,引发了日益严重的矛盾,世界历史陷入资本主义生产方式的泥淖难以继续前行。就资本主义主导世界历史的种种现实来看,中国式现代化的使命需要秉承马克思批判精神来建构新的世界秩序,故新型世界历史兼具批判和建构特征。中国式现代化道路在世界历史进程中的破局,意味着世界历史获得了崭新的历史开端和崭新的类型表征。就新的世界历史发展动力、物质基础和价值观念等方面来看,中国式现代化道路的建构性体现在以下几个方面。

第一,从世界历史发展动力层面来看,人民群众对美好生活的追求是新型世界历史发展的动力来源。资本主义世界历史以某国或某利益集团为基础,以资本增殖为动力,牺牲了世界各国人民的发展权益,造成了资本和劳动的尖锐化对立。中国式现代化道路建构的新型世界历史出发点在世界各国人民的共同发展权益,互利共赢是世界各国人民实现美好生活的内在需要。世界各国人民是世界历史发展的主体力量和动力来源,脱离美好生活愿景的资本主义世界历史忽视了人民群众在历史发展过程中的磅礴伟力。在21世纪全球化语境中,世界各国人民日益形成了荣辱与共的共同体,不同国家的人民群众在气候、生态、航空等公共领域存在利益相通的焦点,只有从共同体视角出发重视各国人民共同利益,构建人类命运共同体才符合世界人民美好生活愿景。中国式现代化道路以和平发展为基础,构建起了和平、安全、繁荣、开放、清洁的新型世界历史。无论是就人类命运共同体的价值指向,还是就共建"一带一路"的实践来看,中国式现代化道路参与和推动世界历史的发展进程,绝不是西方某些国家狭隘的指摘中国将成为新的霸主,而是中国式现代化建构了新的世界历史。新的世界历史本质是反对霸权主义的,是纠正资本主义世界历史发展方向的,是尊重人民群众美好生活向往并以人民需求为基础建构新的发展动力的世界历史。

第二,从世界历史发展的物质载体来看,符合世界各国人民共同利益诉求的各类软件硬件公共基础设施是新的世界历史发展的物质载体。资本主义世界历史建构的物质基础是不平等的产业分工和金融霸权,借助强势的产业和金融,资本主义轻而易举地实现了对发展中国家的财富掠夺。更为尖锐的是,这种掠夺造成了世界历史种种难以为继的困境。人类要获得持续发展空间,要维持世界历史发展,必须扬弃资本主义生产方式对世界历史的干扰。中国式现代化道路真正改变了资本主义唯利是图的世界历史发展现实,以平等协商、合作共赢全面建构起了服务新型世界历史的物质基础,资本主义霸权秩序成为被扬弃的历史事物,公共交通软硬件基础设施成为编织和联系世界各国人民的物质要件。

第三,从世界历史发展的价值基础来看,共同价值是世界历史发展的价值基础和遵循。资本主义主导世界历史的价值观基础是"普世价值",借助抽象空洞的价值观念,资本主义获得了剪裁发展中国家的意识形态领导权,只要不符合资本增殖获利逻辑、影响资本主义在世界历史进程中的利益分配,他们就会使用"普世价值"武器来攻击和质疑。历史和事实证明,"普世价值"并不具有普世性,作为抽象于资本主义国家的价值观念,并不适用世界其他民族国家。中国式现代化参与世界历史的价值观念基础是共同价值,是基于世界各民族共同发展权益建构起的平等协商价值观念。与抽象的"普世价值"强制推广不同,共同价值诞生于人类共同的生产生活实践,是有助于新型世界历史形成发展的共同价值。

第四,从世界历史发展的政治基础来看,共商共建共享是世界历史发展的政治基础。与资本主义世界历史依靠军事霸权、制造假想敌存在本质差异,中国式现代化创构新型世界历史的政治基础在共商共建共享的新秩序。以军事力量为基础的霸权主义并不能真正推进世界历史发展,相反局部热战引发了更为严重的经济社会发展危机甚至恐怖主义。中国式现代化倡导国际关系民主化发展,以平等协商建构了发展中国家参与世界历史的话语,有效提升了发展中国家在世界历史进程中的代表性和话语权,推动了新型世界历史的发展。

中国式现代化道路建构起了新型世界历史的动力、物质基础等,真正改变了世界历史发展格局,全面加快了世界历史向社会主义方向的演进。在人类世界历史发展视野中,世界终将走向马克思言明的历史发展阶段,中国式现代化道路的形成与崛起加快了这一历史进程的发展速度,深刻影响了世界历史发展走势、格局和主体力量。

第二节 改变格局:世界向着马克思言明的方向前进

自资本主义诞生以来,其就主导和形塑了世界历史发展进程。在相当长的一段历史时期内,资本主义是独宰世界历史进程的,直到十月革命这一局面才得以改观。十月革命终结了资本主义独宰世界历史的格局,实现了社会主义与资本主义共同推进世界历史发展的可能。由于社会主义革命率先诞生于东方落后国家的特殊性,资本主义一直都处于相对强势地位。苏东剧变意味着世界社会主义陷入低谷发展阶段,马克思所指明的新的世界历史发展方向成为被诸多理论工作质疑的话题,甚至有学者武断提出人类历史终结于资本主义,资本主义主导的世界历史看似获得了天命永恒的存在。中国式现代化道路真正改变了世界社会主义运动低潮局面,世界范围内的两种意识形态和社会制度呈现了明显有利于社会主义发展的局面。特别是新时代以来,中国特色社会主义取得的成就进一步彰显了中国式现代化的强大生命力,为拓展和提升社会主义的世界历史地位提供了强大力量支持。世界范围内的社会主义呈现出全新发展态势,社会主义主导的世界历史将在资本主义主导的历史周期内逐步发展壮大,且在与资本主义主导世界历史的同生共长局面中,最终会实现对资本主义主导世界历史的全面超越。中国式现代化道路改变了世界历史发展格局,深刻体现在对世界社会主义运动的影响上,实现了世界历史进程中社会主义的全面复兴。

一、世界历史进程中的社会主义探索及走向

中国式现代化道路改变世界历史格局的理论依据,在于以无可辩驳的

事实证明了"历史终结论"的终结、"中国崩溃论"的崩溃。德里达、哈维等诸多知名学者批判资本主义主导世界历史没有未来,在理论层面进一步判定了资本主义难以克服自身发展危机,指出人类要获得自我救赎必须向马克思寻求有益帮助。资本主义为最大程度占有世界各国人民劳动剩余价值,从不考虑其他国家和人民群众的发展实际,造成了尖锐化的国家分化和对立。借助金融化、产业化的全球布展,资本主义创构了为资本增殖服务的世界历史。苏东剧变以后资本主义以新自由主义实现了对全球市场的重塑,世界历史进程中的社会主义探索呈现出新的历史发展态势。发达资本主义国家内部的社会主义抗争趋缓,发展中国家的社会主义运动式微,传统社会主义国家社会主义复兴渺茫,这三种类型国家的社会主义探索,进一步凸显了中国式现代化道路对世界历史格局的影响及意义。

(一)资本主义国家的社会主义抗争

资本主义国家不仅是马克思批判的对象,而且是社会主义运动的发展场域。尽管在资本主义不平衡发展态势中,社会主义运动中心转移到了东方落后国家,但资本主义并未系统化解其生产方式的内在危机。占领华尔街、希腊骚乱以及民粹主义崛起等验证了资本主义矛盾依然处于尖锐化态势中,其内部矛盾为社会主义抗争提供了有效载体和支撑。借助资本主义国家内部的社会主义抗争及其困境,可以进一步凸显中国式现代化道路对21世纪社会主义发展的贡献,同时有助于在资本主义对立面深化理解中国式现代化道路的世界历史意义。

就社会主义抗争的主体力量来看,资本主义国家内部始终存在着无产阶级政党力量,他们或依托议会或在议会之外,长期奔走在复兴社会主义一线。就资本主义国家内部无产阶级政党抗争效果来看,其总体既没有对资本主义产生实质影响,也没有有效推进社会主义复兴,但这并不能否认资本主义无产阶级政党为复兴社会主义做的贡献。苏东剧变严重冲击了资本主义国家无产阶级政党发展速度和规模，政党数量一度锐减。就资本主义国家无产阶级政党分布区域来看，主要集中在西欧；就其发展现状来看，普遍存在规模小、党员老龄化现象，是资本主义国家边缘化的政治力量。在资本主义国家内部具有重要影响力的无产阶级政党主要有法国、西班牙、意大利、日本等国家。就其运动开展形式来看有两种：一是以议会为载体的体制内抗争。资本主义国家共产党支持率总体呈现下降态势，虽在经济发展危机时期有间歇性提升，但总体难以实质影响资本主义发展格局。资本主义国家以一系列政策压缩了无产阶级政党活动空间，使得共产党向社会民主党发展成为趋势。在议会活动的空间受限，并不能否认资本主义国家无产阶级政党的历史作用。二是在体制外的抗争活动。各国无产阶级政党开展了罢工、游行、示威等活动，为反抗资本主义政治压迫、争取工人权益、开展新议题的政治动员做了重要贡献。

　　苏东剧变以来资本主义国家无产阶级政党的主要历史任务在维持自身发展，同时在这一过程中提出了诸多具有创建性的论断，推动了世界社会主义运动的发展。在世界社会主义运动低谷阶段如何对待和认识马克思主义，是资本主义国家无产阶级政党的重要政治任务。部分政党背叛了马克思主义，蜕化成了资产阶级的助手；部分政党坚守了马克思主义立场，推进了资本主义国家社会主义运动的发展。一是日本共产党对社会主义的发展创新。与其他资本主义国家相比，日本共产党在议会中占有稳定席位，同时其与时俱进地发展了马克思主义。日本共产党涌现出了以不破哲三为代表的理论家，在东方社会进一步创新发展了马克思主义，为日本乃至世界其他国家社会主义运动发展提供了思想资源。二是法国共产党的新共产主义运动。法国共产党强调要关注法国社会现实，要回到马克思寻求拯救法国发展的理论主张，从而实现对马克思的超越。苏东剧变深刻冲击了法国共产党发展局面,对其理论和实践提出了新的要求:一方面,必须深刻反思苏联社会主义的种种理论和现实问题;另一方面,必须深化改革法国共产主义实践。新共产主义试图超越传统社会主义,回到马克思语境进一步阐释苏联失败的原因。总体来看,资本主义国家社会主义抗争并未形成具有深远影响的社会效果,对国际垄断资本主义亦未产生实质干预,但其立足资本主义国内形成的富有创见性的主张,对世界社会主义运动具有积极启发意义。

(二)发展中国家社会主义运动的式微

尽管苏东剧变以来亚非拉国家的社会主义运动日渐衰微,但在世界社会主义低潮阶段发展中国家的社会主义抗争,获得了国内学界的正向关注和评价。在新自由主义的蛊惑下,广大发展中国家和民族深度参与了资本主义主导的世界历史发展进程。经过几十年的发展,发展中国家不仅没有进入所谓的现代化国家行列,部分反而深陷"中等收入陷阱"难以自拔。广大发展中国家的社会主义运动为深化理解中国式现代化道路的世界历史地位提供了鲜活例证,构成了深化认识中国式现代化道路世界历史意义的宏大背景。在所有发展中国家社会主义运动中,亚洲、非洲和拉丁美洲最具有代表性。

亚洲地区最具有社会主义历史传统,中国、越南、朝鲜等社会主义国家为亚洲社会主义指明了前进方向。尽管苏东剧变以后南亚和东南亚地区的共产党通过斗争或议会开展了卓有成效的行动,但这并没有改变亚洲地区世界社会主义运动日渐衰微的趋势。在资本主义产业转移过程中,南亚地区的民族国家被纳入资本主义主导的世界历史进程。南亚地区民族国家生产力发展普遍落后,该地区民族主权国家并未获得切实发展权益。目前南亚地区的社会主义运动既有尼泊尔执政的共产党,也有未获得充分发展的无产阶级政党,他们共同构成了南亚地区发展中国家开展社会主义运动的整体态势。东南亚地区发展中国家的社会主义运动主要体现在菲律宾无产阶级政党斗争层面，作为无产阶级性质的政党，菲共不仅没有被消灭，而且对菲政治局势产生了深远影响。

非洲地区和拉丁美洲地区发展中国家的社会主义运动实践更具有代表性，非洲和拉丁美洲地区是饱受资本主义国家殖民侵略的区域，本区域内有着优良的反对帝国主义、开展社会主义抗争的历史传统。非洲和拉丁美洲地区的社会主义运动与民族解放和现代化建设密切相关，苏东剧变以后本地区社会主义运动的复兴趋势并没有得到有效维持。面对如何实现生存发展的艰难现状，非洲地区和拉丁美洲地区将苏东剧变作为重新深化认识马克思主义的机会，他们科学而非教条地深化了马克思主义与具体历史国情的结合。非洲地区社会主义运动反思了资本主义危机特别是2008年金融危机带来的影响，为人类反对资本主义的系统危机提供了理论和实践思考。资本主义世界历史将矛盾转移到发展中国家，非洲地区承受了资本主义转嫁的危机和挑战成本。非洲地区共产党认为人类要获得持续发展，唯一的出路在进入社会主义。尽管非洲各国共产党有效推进了社会主义运动的发展，但由于非洲经济发展落后、产业结构单一，严重影响了非洲社会主义运动的实际斗争效果。以简单工矿产品和农产品为主的产业结构，对资本主义形成了严重依赖性，很难形成对资本主义分工的有效抗争，这是导致非洲社会主义运动没有起色的经济基础。拉丁美洲地区社会主义运动与其他发展中国家情形类似，苏东剧变后无产阶级力量对武装斗争、议会选举等产生了误解，部分无产阶级政党组织出现了颠覆性错误。拉美地区主要以"21世纪社会主义"为题进行了具有影响力的抗争，但受制于经济基础和产业分工的局限，拉美国家普遍陷入"中等收入陷阱"，严重影响了世界社会主义运动效果。总体来看，非洲和拉丁美洲社会主义运动取得了一定成效，但在资本主义主导的世界历史进程中，他们依然面临组织、运动实际成效不显著的困境。

(三)传统社会主义国家社会主义的复兴

苏东剧变使得原有的社会主义国家数量剧减,同时在传统社会主义国家基础上诞生了众多新的独立主权国家。这些国家有着深刻的社会主义历史体验,以鲜活的发展事实说明了何种社会制度更具有发展前景,由此他们构成世界社会主义运动最值得关注的区域。社会主义计划经济体制的内在弊端,使得传统社会主义国家片面地认为只要效仿资本主义就能快速实现现代化。苏东剧变前,传统社会主义国家内部已经产生"西化"倾向。苏东剧变后,一切与马克思主义相关的都被清理出去,无产阶级政党退化为社会民主党,拥有坚定马克思主义立场的政治力量举步维艰。面对苏东剧变的去社会主义化现象,他们的社会主义运动抗争并没有停止,左翼政治力量和政党组织有力地推进了社会主义运动的发展。

苏东剧变后,传统社会主义国家的社会主义运动一度处于沉寂状态,其后很快回到了现实语境。原因在于新自由主义浪潮的冲击使得传统社会主义深刻体验了资本主义带来的经济撕裂和尖锐矛盾,奉自由主义为至尊法宝的右翼政党并未实现传统社会主义国家的大发展大繁荣。与此相反,民生凋敝、发展停滞等问题引发了知识分子和政治力量对社会主义的理性反思。原苏联地区和东欧地区无产阶级政党力量发展存在较大差异,传统共产党组织遭到了一致排斥,社会民主党是本区域社会主义运动的主要推动力量。在众多政治力量的共同推动下,本地区的"新社会主义运动"兴起。革新、21世纪等限定词解释说明了传统社会主义国家社会主义运动关注的焦点,他们试图立足传统社会主义经验教训,进一步创新发展指导本区域社会主义复兴的指导思想。苏东剧变以后,在传统社会主义国家内,马克思主义不再作为具有意识形态属性的指导思想,而是一种社会思潮和社会运动的存在。值得关注的是,新社会主义运动围绕技术、所有制、民主形式等进行了具有创建性的论述，为深入反思苏联经验教训提供了具有学理性的新阐释。新社会主义在教条主义、官僚主义等方面进行了较为深入系统的反思，为批判传统社会主义和改旗易帜后的经济社会发展提供了系统论据。

在资本主义主导的世界历史进程中，传统社会主义国家的抗争异常艰难，并没有取得实质性成果。新社会主义运动之所以能够获得一定社会影响，原因在其进入资本主义社会以后并未真正实现所谓的自由、民主、平等的现代化社会，理想预期和现实之间存在较大落差，甚至部分国家受资本主义主导世界历史进程的影响，深陷地缘政治危机和恐怖主义阴影。经历几十年的发展，拥抱资本主义的传统社会主义国家，在世界历史进程中还频繁受到西方霸权主义的打压。

尽管上述资本主义国家、发展中国家以及传统社会主义国家的社会主义运动抗争取得了一定历史效果，但并未对资本主义主导的世界历史进程产生实质影响。苏东剧变以来世界社会主义处于低谷发展阶段，中国式现代化道路的成功对世界发展格局产生了深远影响，接续十月革命开辟的社会主义世界历史进程，其在21世纪语境中进一步实现了对社会主义世界历史的开拓创新，为世界社会主义运动提供了全新发展动能，将世界历史引向了有利于社会主义方向的发展。

二、中国式现代化道路改变世界格局的历程

自近代被动卷入世界历史进程以来，中国式现代化道路的历史开启、形成发展以及影响意义都离不开世界历史的阐释。中国共产党领导全国各族人民成功实现了站起来、富起来，目前正在阔步走向强起来的伟大征程。就此，中国式现代化道路改变世界格局的历史进程与中华民族谋求民族复兴、国家富强、人民幸福的征程是一致的。中国式现代化道路改变世界历史格

局的历史进程与革命、建设和改革历程相吻合,中国共产党通过一系列环环相扣的抗争成功实现了对社会主义的复兴、对世界格局的改变。苏东剧变以来中国、越南、古巴、朝鲜等国家坚守社会主义,有力推动了世界社会主义的发展。中国式现代化道路以举世瞩目的成就全面推动了21世纪世界社会主义的复兴,在资本主义主导的世界历史进程中深刻改变了世界发展格局。从中国式现代化道路形成发展历程来看,新民主主义革命为改变世界格局提供了根本社会条件,社会主义革命和建设为改变世界格局提供了政治基础和制度保障,改革开放为改变世界格局提供了坚实物质基础。中国共产党以接力式发展全面实现了站起来、富起来到迎来强起来的转变,全面推动了社会主义现代化建设,以铁的规律和事实深刻改变了世界历史发展进程。

(一)中国式现代化道路得以改变世界格局的宏大背景

新中国成立初期国内一穷二白的经济处境和国际资本主义的打压,是中国共产党开展现代化必须克服的两大难题。世界历史发展经验表明,没有工业化为基础的现代化,是从属于世界分工体系的末流国家,错失两次工业化发展机遇的近代中国深刻验证了这一点。对于处在前现代社会的国家而言,如何从传统农业社会转型进入工业社会无疑是痛苦的。工业化要求将劳动剩余价值最大程度积累并投入工业生产过程,势必涉及资源配置和利益分配的调整,由此会形成阻碍工业化发展的阻力。马克思考察资本主义工业化发展进程时,将工业化发展的物质基础称为资本的原始积累。资本主义通过血腥的国内外掠夺,为工业化积累了必需的物质基础,同时激发了深刻的社会矛盾和社会动荡。尽管马克思批判了资本主义原始积累的血腥和残酷,但更多将其放在人类历史发展进程肯定资本的正向作用,为不发达国家走向工业化提供了前瞻的理论指导。即只有充分认识资本原始积累的历史作用,科学把握现代化发展规律,才能在工业积累矛盾中减轻和缓解痛苦。秉承马克思关于资本主义现代化积累的规律,审视新中国成立初期的新民主主义经济形态,可以发现以小农经济生产方式为主的发展模式,短时间内基本没有为社会主义工业化建设提供物质积累的可能性。如何实现工业化、如何开展社会主义现代化建设,成为中国共产党必须回答的时代之问。社会主义改造基本完成实现了生产资料的集中,公有制和计划经济成为社会主义工业化建设配置资源的物质基础,这一本质依靠行政权力配置资源开展工业化建设的方式,将新中国有限的资源有效集中到了工业和国防建设方面。

与资本主义工业化原始积累造成的尖锐贫富差距和社会矛盾相比,中国共产党创造性地实现了马克思主义与中国具体历史国情和传统文化的结合,既实现了工业化需要的剩余劳动集中,也保障了人民生活的基本物质需要。作为从农业社会迈向工业社会的伟大社会变革,中国工业化不可避免存在一定矛盾和挑战,但事实说明其不仅没有破坏生产力发展,反而促进了国民经济社会的发展;不仅没有引发社会矛盾和巨大动荡,反而以工业化目标加强了人民的团结、获得了人民的拥护和支持。就此,社会主义改造的历史功绩不亚于一场革命,它是中国共产党立足世界历史发展进程对社会主义现代化建设的重大理论和实践创新。那么社会主义现代化建设为什么具有新中国成立初期先建设后改造到1953年建设和改造并进的转变呢? 剖析这一历史转向的原因,离不开对世界历史和世界格局的把握,一是新民主主义革命是世界无产阶级革命运动的重要组成部分,走向社会主义是新民主主义革命的目标,具有历史必然性,其中不确定性是走向社会主义的时间和方式问题。二是苏联的计划经济模式与马克思的论述存在相似性,并且其在苏联的社会主义现代化建设实践中表现出了优越性。三是新中国成立初期面临着严酷的国内外环境,如何快速走向能够获得自我保护的社会主义,成为当时复杂环境的内在必然。上述因素的叠加作用使得社会主义不再是考虑要不要的选择,而是如何立足具体历史国情快速推进和有效实施的问题。

东方落后国家的社会主义现代化建设具有特殊性,按照科学社会主义原则要求,东方国家选择计划经济开展现代化建设具有高度的历史合理合法性。如没有计划经济体制集中资源开展工业和国防建设,社会主义中国将难以获得参与世界历史的物质基础,更难以获得与资本主义抗衡的物质力量。一是中华民族具有中央集权的历史传统,同时自古具有理想大同社会的目标追求。新中国的成立意味着人民群众对理想社会的追求和实践,具有比以往社会历史更接近的实现可能性。此时通过没收官僚资本及社会主义改造建立生产资料公有制,具有成本最小且效益最大的显著优势。二是计划经济体制建立在公有制+按劳分配基础上,依靠行政权力配置资源,可以避免资本主义市场经济弊端,规避社会主义现代化走弯路的问题。计划经济内含了对现代工业国家产业结构和生产要素的充分借鉴,在客观层面可以避免资本盲目扩张和试错造成的现代化建设高额成本问题。在公有制+计划经济+按劳分配的模式下,新中国在极短时间内建成了完整的工业体系,由此进一步彰显了社会主义的优越性。社会主义以举国体制建立起了关乎中国经济发展命脉的电力、能源、钢铁等基础工业,为实现经济的独立自主奠定了深厚的历史基础。为满足社会主义现代化建设的劳动素质要求,中国共产党在科教文卫领域进行了系统变革,建立完善了教育卫生体系,有力实现了社会主义精神文化的跃升。上述举措,为社会主义中国参与世界历史、改变世界格局奠定了历史基础。

由于社会主义建设的经验不足及特殊的国内外环境,社会主义现代化不可避免地经历了曲折探索。上述困难及苏联模式的示范效应,并没有影响到中国共产党对社会主义现代化建设规律的持续探索。改革开放初期,邓小平立足世界历史发展潮流,创造性地提出社会主义初级阶段、社会主义本质等对社会主义现代化具有深远影响的命题。在对科学社会主义的坚守和弘扬中,中国共产党以革命、建设和改革开创了中国式现代化道路,在东方落后国家实现了社会主义现代化建设理论和实践的重大创新。社会主义以计划经济和市场经济的接力发展,既成功破解了社会主义既要参与世界历史又要防止被资本主义吞噬的两难问题,又彰显出了社会主义的强大制度优势。

(二)中国式现代化道路改变世界历史进程的内在逻辑

中国式现代化道路改变世界格局、影响世界历史发展,内含着独特的历史、理论和现实逻辑。作为旨在化解资本主义主导世界历史种种问题的新型现代化道路,中国式现代化对内追求国富民强、对外追求经济正义,深刻影响了世界历史发展走向。中国共产党立足世界历史发展潮流对内,以治理体系和治理能力现代化来化解现代化建设进程中的种种矛盾,对外以新型大国关系为基础推动构建人类命运共同体,实现了对新型世界历史内外兼具的创新推进。新时代中国特色社会主义的伟大成就,以无可辩驳的事实证明中华民族在实现了站起来、富起来的基础上,正在阔步迈向强起来的伟大征程,这为21世纪社会主义焕发出强大生机活力提供了鲜活的注脚。中国式现代化道路深度介入世界历史进程的时间节点在改革开放,作为与世界历史互动做出的艰难转型,中国首先告别了计划配置资源的方式,全面开启了迈向复兴的社会主义市场经济阶段。

改革开放意味着社会主义现代化建设的资源配置方式出现了实质性变化,特别是在提出先富带后富的目标后,计划经济成为被扬弃的经济模式。社会主义工业和国防体系的建立,背后也有广大人民群众的艰苦奋斗。当时为最大程度集中剩余劳动价值开展工业建设,计划经济将农业生产领域的剩余转化到了工业生产领域,这是人民群众生活长期徘徊在较低水平的原因之一,即如何富起来成为社会主义现代化需要回答和解决的重大现实问题。从世界历史出发,审视计划经济可以发现,新中国一旦建立起能够参与世界市场竞争的工业体系,就应该直面计划经济的弊端,深入开展社会主义现代化建设。就已有的社会主义现代化建设经验来看,社会主义究竟是何种发展样式的社会,苏联并没有搞清楚。改革开放初期,中国共产党以经济建设为中心驱动了先富发展逻辑,为社会主义现代化建设注入了新的发展动能。先富肯定了物质财富在社会主义现代化建设进程中的历史合理性,纠正了社会主义与物质财富关系的认知误区。实现共同富裕是马克思对共产主义社会的目标界定,基于共同富裕的整体性要求,个体化的共富具有历史合理性。鼓励先富意味着告别了平均主义,社会主义找到了一条能够更好更快发展生产力的道路。个体劳动的积极性被充分激活,长期以来束缚经济发展的"左"的思想禁锢被冲破,先富全面开启了社会主义财富生产通道。先富并不是资本主义的个体至上,其内含了带动共富的要求。先富带共富彰显了社会主义性质的财富生产要求,发展生产的目的在于实现人民共同富裕。中国共产党高度重视社会主义现代化建设进程中出现的贫富分化问题,甚至将其作为衡量改革开放成功与否的标尺,真正践行了现代化建设的社会主义本质要求。先富起来的政治基础是站起来,先富意味着具有社会主义定向的财富生产系统逐步形成。有计划的商品经济最大限度地实现了国家、集体与企业和职工的双赢,最大程度激活了企业和个人的劳动积极性。社会主义现代化建设成就进一步验证了有计划商品经济的历史作用,农副产品、农民收入都获得了实质性的提升,乡镇企业发展和城镇化快速推进,国民经济、人民生活水平迈上了一个新台阶。总之,以先富开启的有计划商品经济推动了社会主义现代化建设,为开启社会主义市场经济、全面参与世界市场提供了先期探索经验。

有计划的商品经济以放权激活了国有企业生产积极性,同时以计划外力量盘活了市场生产要素。尽管原来不掌握生产资料的经营主体获得了发展机会，但其生产经营必须依赖计划经济体制，一旦脱离计划经济的生产要素配置都难以组织生产。在社会主义现代化的纵深展开过程中，有计划的商品经济矛盾日益凸显，社会主义市场经济体制呼之欲出。计划经济体制内和体制外的主体形成了对立，计划配置资源的手段与市场化需要之间形成对立，国有企业产品的市场配置与生产要素的计划配置之间形成对立，这三组矛盾对市场经济体制提出了强烈的改革要求。党的十四届三中全会制定了社会主义市场经济体制的总体规划，由此中国式现代化以市场经济开启了参与世界市场、改变世界历史格局的伟大征程。一是各类市场主体资格获得了确认，独立参与世界市场的主体纷纷涌现。无论是国有企业还是包括外资、民营在内的非公企业市场主体都获得了经济独立性和政治保护。二是股份制成为社会主义市场经济的重要组织形式，各类经营主体获得了有效的资金来源。股份制形式适应了参与世界市场合作竞争要求，为社会主义现代化提供了来自国内国际两个市场的资金支持。三是各类生产要素在市场主体互联互动中实现了高效配置。不论是来自国内还是世界各地的生产要素，在各类市场主体的推动下获得了积极的正向联通，即社会主义市场经济体制为现代化建设高效配置了两个市场的一切有利于生产的资源要素。

改革开放以来，中国式现代化道路在社会主义市场经济体制的推动下，获得了与世界市场互通有无的深度联通。无论是来自国内还是国际的生产要素皆为社会主义现代化建设贡献了积极力量，在此基础上，中国式现代化道路获得了改变世界历史、改变世界格局的物质基础。中国式现代化改变世界发展格局的同时标志着，世界历史发展的主体力量得到了进一步强化，社会主义现代化为世界历史向更理想社会形态前进提供了强劲动力支持。

第三节 壮大力量:世界历史发展主体力量持续强化

世界历史是人类走向理想社会形态的助推力量,人类只有进入世界历史进程才能获得解放自身的社会条件。近代以来的世界历史发展事实说明,各民族国家只有结束孤立发展状态、进入世界历史进程,获得更为先进的生产方式,才能获得更进一步发展,才能为人类迈向理想社会提供基础。世界历史是资本主义开辟和主导的历史发展进程,这就决定了资本主义世界历史发展的主体力量是资产阶级。资产阶级维护的是资本增殖利益,由此导致世界历史发展进程中呈现出了种种不可持续的问题。为纠偏资本主义世界历史,马克思建构起了扬弃资本主义的理论范式,中国共产党接续推进了世界历史的发展,为世界历史贡献了新的无产阶级主体力量。中国式现代化道路创造了世界历史发展奇迹,以强大的影响力改变了世界历史发展格局,实现了对世界历史发展主体力量的壮大和强化。在21世纪世界历史发展进程中,中国式现代化不仅贡献了重要主体力量,而且以共建"一带一路"为基础,推动一大批非西方国家参与世界历史,并为21世纪世界历史注入了强大推动力量。

中国如期全面建成小康社会,未来还将在21世纪中叶全面建成社会主义现代化强国。目前资本主义现代化的国家总人口在10亿左右,中国式现代化道路的成功寓意着14亿多人口获得了现代化发展机遇,世界现代化的人口版图和主体力量将被深刻改变。更为重要的是,中国式现代化以无可辩驳的事实,证明后发国家要实现现代化可以不用效仿资本主义,这彻底打破了发展中国家现代化对资本主义现代化的路径依赖,为后发国家摆脱依附式发展提供了前进方向。

一、世界历史进程中的主体生成及演进

从民族历史到世界历史的转向意味着历史发展的主体力量出现了变化。作为超越主权国家边界的历史进程，世界历史主体力量是如何生成、如何演进的？是解释中国式现代化道路强化壮大世界历史主体力量的理论依据。世界历史始终是理论界关注的显性热点问题，现有成果在其本质、动因、载体等方面都做了系统性讨论，唯独对世界历史的主体力量关注相对不足。马克思和恩格斯在《德意志意识形态》中初步阐释了个体如何成为世界历史进程中的个体、无产阶级如何成为世界历史主体，而要澄清世界历史的主体问题必然离不开对现实个体、世界历史性个体以及十月革命开辟的新历史纪元的诠释。在中国式现代化道路形成且日益彰显出强大生命力的背景下，阐释世界历史进程中的主体问题，对解释世界历史与中国式现代化主体力量关系具有重要理论和实践参考价值。

（一）世界历史进程中的主体生成及依据

世界历史进程中的主体是历史生成的，是历史唯物主义视野中的现实个人及历史运动产生的。民族历史向世界历史转向过程中，现实的个体在具体实践劳动过程中呈现了向世界性个人转化的趋势。伴随着世界历史的纵深发展，现实的个人必然会转向世界历史性的个人。就此而言，世界历史进程中的主体起源于现实的个人。社会意识和社会存在之间的辩证逻辑，为理解和把握现实的个人提供了论据，人类历史活动的主体是现实的个人，将抽象个人连接到人类历史发展层面属于形而上学认识。在马克思研究视野中，费尔巴哈等德国古典哲学家实际是以观念建构现实，并没有触及人生存发展的现实物质基础，同时他们也没有把人具体化到现实的个体，而停留

在抽象层面的个人是没有进一步前进和发展基础的。在历史唯物主义分析体系中，现实物质的历史与有生命的现实个体之间形成了相互作用机制。现实的历史是有生命个体的活动及其物质生活条件，同理现实的个人就是改变现存事物和历史的主体力量。世界历史进程中的主体特质是现实历史和生命个体共同规定的，即世界历史主体性问题的现实基础既包括现实的历史也包括具有现实生命的个体。

历史唯物主义是一门关于现实生命个体发展的历史科学。在这里，现实的个人不仅是物质上的有生命意义的，而且是具有社会属性的存在。费尔巴哈的抽象人是马克思批判的对象，马克思指出只有转化成现实的、有生命的人，将现实的个人放置在历史发展中去考察，个体的生命才具有历史意义。正是基于对现实个人和现实历史关系的注解，《资本论》中的现实个人被具象化表达为人与物的经济关系。现实的个人在历史发展进程中开展的历史行动，本质是与其他社会关系产生关联的过程，是验证和践行人的本质，是社会关系总和的过程。从当时的生产关系来看，资本主义生产方式是阐释历史唯物主义的经济基础，马克思以资本和劳动为中轴揭示了世界历史形成发展的线索。资本主义大工业生产方式创造了一无所有的、只能出卖自身劳动力的无产者，同时在物质交换的遮掩下，资本与劳动、资产阶级与无产阶级的不平等关系被遮蔽了。在主体发展的历史进程中，现实的个人、世界历史性的个人以及全面发展的个人是接续发展的三个历史阶段。这三个阶段的主体绝不是观念或者意识的产物，而是在生产力推动下建构起的经验事实。资本全球扩张开启了世界历史进程，资本主义生产方式将原本分散独立的民族整合为整体，狭隘的民族中心主义历史叙事转向了普遍意义的世界历史叙事，现实的生命走向了世界历史性的个体。就世界历史发展演进的轨迹来看，从现实的个人到世界历史性的个人是主体对过往生产力发展继承的必然结果。从民族历史到世界历史，意味着现实的个人在生产中积累的物质财富成为世界历史不可或缺的部分。历史需要一代一代生产力的接续发展,同时一代一代接续发展也实现了个人主体力量的发展。现实的个人必须在顺应世界历史发展进程中实现自我主体性的建构,并将自身生产积累的物质财富转化为自身全面发展服务的力量,由此世界历史性的个体才具有实现全面发展的可能性,才能真正成为马克思言明的自由全面发展的个体。世界历史进程的开启意味着所有主体都成为世界历史性的主体了,世界范围内的市场行为造就了每一个个体的生活场域。作为真实性存在的社会个体,现实的个人在世界历史进程中参与世界市场分工合作,真正演化成了世界历史性的主体。同时需要指出的是,马克思指出的世界无产阶级联合具有了现实基础,资本主义工业生产的全球扩张将劳动和资本的紧张对立关系复制到了全世界,世界历史性质的个体在克服劳动异化和反对资本主义生产方式弊病层面拥有了联合的现实物质基础。

历史的世界历史转向,将原本处于历史发展过程中的现实生命转换成为参与世界市场分工的个体,由此世界历史发展获得了主体力量。世界历史性的主体是现实的个人在历史发展进程中历史生成的,从现实的个人到世界性的个人再到全面自由发展的个人,皆是生产力发展演进的必然产物。需要指出的是,与资产阶级主导和驱动的世界历史进程不同,真正的世界历史需要广大劳动人民获得自身主体性来反对劳动异化和资本主义生产方式的压迫,这是世界历史对主体的内在规定,也是无产阶级参与世界历史进程的必然。

(二)世界历史进程中的主体定在及出场

马克思在论及世界历史主体时,用过现实的个人和无产阶级两个范畴,那么现实的个人与无产阶级之间有何种关系呢? 实际上在《德意志意识形态》以后,马克思就较少使用现实的个人概念,世界历史性的个人、联合起来的个人成为使用频次更高更普遍的范畴。究其原因在资本主义全球化扩张消弭了现实个人的生存发展边界,所有个体都进入世界历史进程,成为以承担世界历史发展、破解资本主义世界历史进程发展困境的个体了,即无产阶级真正成为完成世界历史使命和实现人类解放任务的主体力量来源。

在无产阶级范畴内还有世界历史性个人和联合起来的个人两种表达方式,世界历史性的个人与联合起来的个人实际上是无产阶级的不同层面表达,世界历史性个人主要是立足超越民族主权边界现实的个体,联合起来的个人主要指占有生产资料的社会化联合,这两种阐释方式实际都指出了世界历史的主体性问题,即真正承担起人类解放历史使命的主体在无产阶级。世界历史性个人是资本主义主导世界历史的产物,所有劳动者都成为参与世界市场全过程的主体,不通过世界市场,劳动者就难以获得自身主体性和历史存在性。换言之,现实的个人打破地域阻隔融入世界市场分工体系的过程,实际是资本主义生产方式内在矛盾驱动的结果,即所有劳动者都困在了资本主义生产方式中,人类要获得解放必须走向联合。当然此时世界历史进程中的联合具有虚假性、非平等性特征,资本主义通过强势支配其他民族国家,巩固了资本主义生产方式的绝对统治地位。表面上以生产为基础形成的共同体形态,实际是资产阶级按照资本增殖意志创造的共同体,这一服务资本增殖的虚假共同体牺牲了其他民族国家和劳动人民的合法权益。世界历史进程中的国际联合是满足世界市场需要的虚假联合形式,它将世界历史性个人编织进了资本增殖轨道,因此否定资本主义世界历史进程的因素蕴藏在对虚假共同体的批判进程中。就联合起来的个人来看,世界历史主体的真正联合建立在消灭资本主义世界历史现存状况基础上,即资本主义生产资料私有制是窒息现实个体自由发展的经济因素。按照马克思的论述,私有制的消灭同时意味着普遍性世界历史交往基础上的联合。资本主义主导世界历史是造成劳动异化的根源所系,同时劳动者通过自觉地联合又获得了解放全人类的力量联合,这是扬弃资本主义世界历史的力量依托。在生产力和生产关系的催生下,现实的个人与其他劳动群体的内在关系被激活,并形成了占绝大多数的联合共同体。这一联合共同体承担起了人类未来持续发展的使命。一方面,他们通过自身阶级团结获得了推翻旧世界的革命意识;另一方面,通过阶级联合掌握了社会生产力,获得了打破资本束缚的权力结构,以集体形式掌握和支配生产资料。

无论是世界历史性的个人还是联合起来的个人,实际都是资本主义世界历史进程生成的主体力量,是无产阶级得以实现联合的理论阐释。无产阶级将在实现具有世界历史意义联合基础上,以普遍性形式占有生产资料进而获得普遍意义的救赎,即世界历史性个人和联合起来的个体统一于无产阶级身份。无产阶级为化解资本主义世界历史困境提供了出路,只要参与到世界历史进程中,就要将现实物质生产关系转化为开展革命的条件,以此为人类解放提供支持。资本主义开辟的世界历史进程与人类真正需要的世界历史存在较大差异,资本主义将现实的个人都表现为物质关系,劳动者只有最多地创造出剩余劳动价值,才能获得维持自身生产发展的物质基础。资本对剩余劳动的最大化占有日益呈现出不可持续的问题,当劳动者难以获得生存发展基础、生产关系不得不做出优化调整的时候,世界历史的真正主体就出现了。无产阶级通过重新分布组合现有生产关系,实现了对实现人类自由生存发展要件的掌控。借助上述分析,可以确证资本的历史边界就在资本本身,要彻底消除资本增殖逻辑对主体发展的宰治,根本出路在无产阶级获得生产资料并重新组织社会生产。即通过占有生产资料,无产阶级获得恢复劳动主体性的社会基础,资本主义世界历史进程中的劳资尖锐化对立消失了,无产阶级确证了劳动者的主体性。就此马克思说世界历史将无产阶级革命性呈现出来,劳动人民获得了打破资本权力束缚、重新占有生产资料的机会,世界历史真正成了无产阶级和人类解放的历史进程。

无产阶级是世界历史发展的主体力量,也是人类获得解放的主体力量。

无产阶级只有在顺应世界历史发展趋势中,进一步激活自身阶级意识,自觉与资本主义开展斗争,才能获得确证自身主体劳动并获得自身解放,即充分利用以往生产关系的物质积累,使得资本主义生产关系不再是束缚自身发展的盲目力量,是无产阶级在世界历史发展进程中的历史使命。

二、中国式现代化对世界历史力量的强化

历史都是从低级向高级发展演进的,世界历史一样存在演进阶段。现在的世界历史是资本主义开辟并主导的进程,人类要打破资本主义对世界历史的负面影响,必须开辟新的世界历史,就此无产阶级的历史使命和任务不言自明。无产阶级是资本主义世界历史进程中的客观存在,无产阶级要获得自身解放必须顺应世界历史发展规律,并积极推动建构走向未来理想社会的共同体形式。正是对资本主义世界历史发展现实和趋势的研判,十月革命成功开启了新的世界历史发展方向。十月革命是人类第一次对资本主义世界历史的纠偏,为世界历史发展注入了无产阶级力量,此后一大批国家成功完成了社会主义革命,强化了世界历史的主体力量。由于社会主义建设的经验不足及无产阶级内部建设等因素影响,苏联和东欧社会主义建设遇到了巨大挫折,资本主义世界历史进程中的新型世界历史的力量削弱了。中国式现代化道路沿着马克思、列宁开启的社会主义方向不断前进,取得了举世瞩目的成就,进一步强化了世界历史的力量。

(一)中国式现代化:无产阶级参与世界历史进程的积极实践

事实上无产阶级要真正改变资本主义世界历史进程,必须研判世界历史形成发展规律,只有掌握规律才能掌握世界历史发展的主动权。按照历史唯物主义观点,世界历史发展规律是世界历史进程呈现的客观历史必然,

无产阶级作为革命力量需要发现具有支配作用的规律,并需要充分利用这些规律开展革命斗争。换言之,世界历史的规律是无产阶级推翻资本主义、建构新型世界历史的理论依据。十月革命及中国式现代化道路的开启都离不开对世界历史发展规律的把握和利用,凭借对帝国主义国家之间的矛盾及俄国所处的环境,十月革命获得了成功的历史契机;凭借对帝国主义国家对华利益矛盾及帝国主义之间的矛盾,中国式现代化获得了开展新民主主义革命的条件,并以此全面开启了社会主义革命和建设进程,为改变世界历史格局奠定了坚实基础。

在资本主义世界历史进程中,资本为追求自身利益最大化将全球民族国家都纳入了世界分工体系,同时将资本主义生产方式内含矛盾拓展到了世界各地,一旦资本主义周期性危机爆发,世界就会陷入经济动荡中。从经济危机产生的周期性来看,资本主义难以获得持续发展空间。也正是由于资本主义生产方式的周期性矛盾,世界历史处于频繁发生危机的状态中。资本主义危机的全球化推动了无产阶级对资本主义的反思,为组织革命主体力量创造了有利的客观条件。在面对资本主义全球困顿局面中,无产阶级获得了解放自身和全人类的历史使命。马克思研判了资本主义生产方式被扬弃的历史必然性,列宁在必然性基础上发现了帝国主义阶段资本主义世界历史的矛盾,并进一步激发了无产阶级革命斗争意志,建立了无产阶级政权。中国共产党在对资本主义世界历史发展规律的把握基础上,开启了中国式现代化道路。资本主义世界历史的必然性规律建立在剩余劳动价值分配基础上,资本主义对中国剩余劳动价值的最大程度掠夺,是中国共产党领导人民开展革命的现实物质基础。

资本主义世界历史呈现出了历史必然性及在具体历史发展阶段的特殊性。列宁敏锐捕捉到世界历史的尖锐矛盾,并开辟了社会主义道路,这为中国开展现代化提供了理论和实践指导。东方落后国家的社会主义道路验证了世界历史不仅有一般规律,而且还有具体阶段的特殊表现。十月革命开辟的新的世界历史进程,不仅对俄国来说是新的历史纪元,而且对世界历史、对世界格局来说都是新的历史纪元。更为重要的是,其对中华民族如何参与世界历史、如何在世界历史进程中实现自我救赎提供了重要启发。世界历史发展的特殊性和普遍性关系,实际上是对资本主义生产方式的能动性反映,中国式现代化道路的形成发展及其内在逻辑,是中国共产党依据世界历史发展态势进行的积极探索。无产阶级的历史作用和历史使命需要在世界历史进程中展现出来,由此中国式现代化道路的意义得以进一步显现。列宁开辟的世界历史新纪元,意味着社会主义国家开启了新的历史进程,同时资本主义和社会主义共存的世界历史进程呈现了新的历史发展规律。对中国共产党而言,最关键的是掌握新的世界历史发展规律并充分运用,以实现社会主义现代化。无产阶级要承担其世界历史任务需要联合和主动,中国式现代化道路在国内实现了对最广大人民群众的联合,同时在国内开展国富民强的现代化建设、在国际建构彰显公平正义的人类命运共同体,为世界历史走向自为阶段做出了重要历史贡献。

(二)人类命运共同体:中国式现代化建构新型世界历史的载体

对无产阶级推动建构的世界历史而言,其终极价值在于实现全人类解放。作为世界历史发展主体力量,无产阶级只有真正获得与世界历史性个体的直接联系,获得领导广大人民群众开展斗争的联系,无产阶级才能获得历史发展和存在的意义;无产阶级只有领导人民群众打破资本主义世界历史的统治、建构起新的世界历史才能够彰显历史意义。在资本主义世界历史的统治下,无产阶级主体力量被资本主义形形色色的手段遮蔽了,无产阶级的主体力量和价值难以表现出来。如何超越资本主义世界历史,如何将无产阶级从资本主义生产方中式拯救出来,成为中国式现代化道路的重大历史使命。无产阶级主体的自觉和自为是实现人类解放的基础,中国共产党立足马克思世界历史思想和资本主义世界历史发展现实提出构建人类命运共同体构想,无产阶级获得了激活其阶级力量的载体形式。在构建人类命运共同体过程中,循序渐进地激活无产阶级主体意识,成为中国式现代化道路强化新型世界历史主体力量的有效途径。

人类命运共同体是人类走向未来理想社会的过渡形式,中国共产党不仅以人类命运共同体实现了对世界历史思想的创新,而且实现了对无产阶级实现联合的守正创新。人类命运共同体是立足世界历史最新发展态势提出的伟大构想,其提出并不是对世界无产阶级革命的全面否定。与改良的无产阶级革命主张不同,人类命运共同体并没有放弃无产阶级革命原则,其核心主张秉承了无产阶级国际主义精神,是以新的世界历史发展趋势为基础,审视了资本主义和社会主义两大社会制度的相处方式,提出了超越社会制度对抗的思想主张,以类主体思维重构了全球政治经济治理体系,为维护人类共同家园提供了价值遵循。人类命运共同体将无产阶级在世界历史进程中的实践任务上升到全人类实践任务,实现了对无产阶级革命主体力量的创新发展。在世界百年未有之大变局中,全球治理格局和世界格局的变化依然处于资本主义生产方式的窠臼中,人类命运要走向何方、无产阶级起到什么作用,成为21世纪社会主义必须要回答的重大问题。社会主义以人类命运共同体超越了资本主义建构的世界历史和资本主义国家主导的世界秩序,契合了无产阶级通过革命建构理想社会的要求。中国式现代化道路为人类命运共同体提供了力量支撑,人类命运共同体的目标与无产阶级革命提出的从国家到世界历史到人类解放的价值追求一致。人类命运共同体超越了传统的主体概念,将全人类视为整体,为经济全球化、全球治理秩序转型指明了前进方向,全面超越了资本中心、资本主义绝对统治主体的认知。更为重要的是,人类获得了开展全球治理与合作的共同价值,资本主义世界历史的中心—外围结构成为被扬弃的对象,人类获得了全新的治理理念。在开展形式上,人类命运共同体坚持共商共建共享理念引领世界历史,克服了资本主义世界历史的霸权和强权主义,创新了无产阶级纠偏世界历史的行动策略,重构了全球化主体参与和推动世界历史发展的价值基础。

中国式现代化道路在国际层面的构建人类命运共同体主张,指明了社会主义何以超越资本主义世界历史的方向。人类命运共同体是人类进入理想共产主义社会的过渡阶段,是人类获得世界历史发展自觉性和主动性的必由之路。人类命运共同体系统变革了无产阶级参与世界历史的理念和行动,一是无论在世界历史发展的何种阶段,关注人类共同命运并提出适应世界历史发展特点的行动策略和原则,是社会主义世界历史的内在要求。中国式现代化道路得以形成发展的现实在世界历史面向,如缺少对21世纪世界历史现实的关注,社会主义就难以获得全球发展空间。人类命运共同体的提出为社会主义参与世界历史提供了目标指引,为化解资本主义世界历史问题指明了前进方向。二是无论是处于何种形式的世界历史下,创造性地激活无产阶级的自觉性和主动性,为实现人类解放的联合提供支持,是社会主义参与世界历史的使命担当。中国式现代化道路为在21世纪世界历史进程中推动人类联合提供了物质条件支持,以马克思"两个必然"为基础创构了实现人类联合的前瞻规划。最为重要的是,人类获得了具有社会主义属性的价值,中国式现代化彰显了超越资本主义资本的价值逻辑,其坚持以人民为中心推动全面开启了扬弃资本逻辑的实践。

世界历史完成终极演化态势,建立在无产阶级抗争和社会主义奋斗的物质基础上。只有彻底消灭资本主义生产方式,中国式现代化才能完成社会主义的使命。中国式现代化以人类命运共同体为载体,全面推动新型世界历史的发展,为发展21世纪马克思主义、推动世界历史转型升级提供了强大动能支持,深刻改变了世界历史的前进方向和主体力量。

参考文献

一、著作

1.《马克思恩格斯文集》(第一——十卷),人民出版社,2009年。

2.《资本论》(第一——三卷),人民出版社,2004年。

3.《马克思恩格斯选集》(第一——四卷),人民出版社,1995年。

4.《毛泽东选集》(第一——四卷),人民出版社,1991年。

5.《邓小平文选》(第一——二卷),人民出版社,1994年。

6.《邓小平文选》(第三卷),人民出版社,1993年。

7.《习近平谈治国理政》,外文出版社,2014年。

8.《习近平谈治国理政》(第二卷),外文出版社,2017年。

9.陈祥勤:《中国式现代化道路的生成逻辑研究》,上海社会科学院出版社,2023年。

10.丰子义:《现代化的理论基础——马克思现代社会发展理论研究》,北京大学出版社,1995年。

11.李健:《中国式现代化与世界历史的当代转向》,天津人民出版社,2023年。

12.李正华、宋月红编:《中国式现代化简史》,当代中国出版社,2023年。

13. 刘景泉:《马克思主义与中国现代化历程》,南开大学出版社,2019年。

14. 罗荣渠:《现代化新论——世界与中国的现代化进程》,商务印书馆,2004年。

15. 罗荣渠:《中国现代化历程的探索》,北京大学出版社,1993年。

16. 秦千里等:《中国共产党和中国现代化》,湖南出版社,1991年。

17. 任仲文:《何为中国式现代化》,人民日报出版社,2022年。

18. 谭来兴:《中国现代化道路探索的历史考察》,人民出版社,2008年。

19. 辛向阳:《中国式现代化》,江西教育出版社,2022年。

20. 徐平:《伟大的事实——世界现代化进程中的中国现代化发展》,人民出版社,2021年。

21. 杨耕:《东方的崛起:关于中国式现代化的哲学反思》,北京师范大学出版社,2018年。

22. 杨永志等:《马克思主义中国化与中国人的现代化》,南开大学出版社,2012年。

23. 虞和平:《中国现代化历程》(第一——三卷),江苏人民出版社,2001年。

24. 中共中央党史和文献研究院编:《习近平关于中国式现代化论述摘编》,中央文献出版社,2023年。

二、报刊文章

1. 艾四林、陈钿莹:《中国式现代化话语体系建构的三重维度》,《山东大学学报》(哲学社会科学版),2023年第2期。

2. 毕照卿、张占斌:《中国式现代化对资本逻辑的驾驭与超越》,《思想教育研究》,2023年第1期。

3.陈柏峰:《中国式法治现代化的中国特色》,《法制与社会发展》,2023年第2期。

4.陈明明:《中国现代化道路的历史与政治之维》,《南京大学学报》(哲学·人文科学·社会科学),2023年第1期。

5.陈曙光:《人类命运共同体何以改变世界》,《马克思主义研究》,2023年第2期。

6.陈曙光:《世界历史民族与21世纪马克思主义》,《现代哲学》,2023年第1期。

7.陈钰、俞敏:《从马克思"世界历史"思想到习近平"人类命运共同体"伟大构想的发展》,《教学与研究》,2023年第4期。

8.陈赟:《共生思想与中国式现代化》,《天府新论》,2023年第3期。

9.戴妍、黄佳攀:《中国式教育现代化的演进逻辑、实践样态与推进理路》,《教育学术月刊》,2023年第3期。

10.丁堡骏:《以唯物史观解读中国式现代化的科学内涵及其本质》,《当代经济研究》,2023年第1期。

11.杜志章、吴家臣:《以中国式现代化推进中华民族复兴的历史前提、现实基础及世界意义》,《华中科技大学学报》(社会科学版),2023年第2期。

12.范劲兴、王智:《中国式现代化人民性的多维透视》,《人文杂志》,2023年第2期。

13.丰子义:《从世界现代化看中国式现代化》,《北京师范大学学报》(社会科学版),2023年第1期。

14.丰子义:《马克思视野中的"世界主义"》,《哲学研究》,2023年第1期。

15.冯刚、武传鹏:《中国式现代化进程中生态文明与政治文明建设的制度化结合》,《四川大学学报》(哲学社会科学版),2023年第1期。

16.付文军:《一个"世界历史性的事实":中国式现代化的逻辑转向及复合特质》,《深圳大学学报》(人文社会科学版),2023年第2期。

17.付文军:《中国式现代化的历史辩证法蕴涵》,《南京师大学报》(社会科学版),2023年第1期。

18.付文军:《中国式现代化的学理考辨》,《理论与改革》,2023年第3期。

19.傅慧芳、白茂峰:《中国式现代化研究述评与前瞻》,《北京行政学院学报》,2023年第2期。

20.郭广银:《中国共产党探索中国式现代化的历史逻辑》,《红旗文稿》,2023年第5期。

21.韩庆祥、张健:《中国式现代化的深层逻辑——兼论创造人类文明新形态的历史必然性》,《当代世界与社会主义》,2023年第1期。

22.韩升、王朋朋:《论中国式现代化的主体自觉》,《新疆社会科学》,2023年第1期。

23.何爱国、颜英:《论中国式现代化道路的世界意义》,《理论学刊》,2023年第1期。

24.何传启:《中国式现代化的分层结构和三个建议》,《中国科学院院刊》,2023年第3期。

25.何自力、王传智:《深刻把握中国式现代化的中国特色及其本质要求》,《经济纵横》,2023年第1期。

26.胡博成:《超越资本主义现代化:中国式现代化道路的历史探索及原创性贡献研究》,《宁夏党校学报》,2023年第2期。

27.胡博成、朱忆天:《中国式现代化道路的共同富裕向度及世界意义研究》,《重庆大学学报》(社会科学版),2023年第5期。

28.胡乐明:《中国式现代化是中国共产党领导的社会主义现代化》,《当代经济研究》,2023年第2期。

29.胡中锋、王友涵:《中国式教育现代化的内涵与特征》,《苏州大学学报》(教育科学版),2023年第1期。

30.黄建军、王若齐:《唯物史观视域下中国式现代化的本质属性与原创性贡献》,《新疆师范大学学报》(哲学社会科学版),2023年第4期。

31.江畅:《中国式现代化的必然性、合理性与正当性》,《求索》,2023年第1期。

32.蒋英州、王创宇:《中国式现代化道路的历史起点、主要内涵与使命追求》,《西南大学学报》(社会科学版),2023年第2期。

33.康凤云、麦中坚:《中国式现代化:探索历程、基本特征和实践要求》,《江西师范大学学报》(哲学社会科学版),2023年第1期。

34.兰洋:《中国式现代化对西方生态现代化理论的突破》,《山西大学学报》(哲学社会科学版),2023年第2期。

35.李辉:《中国式现代化的文明意蕴》,《中山大学学报》(社会科学版),2023年第2期。

36.李建华、刘畅:《中国式现代化的伦理特性》,《思想理论教育》,2023年第2期。

37.李建华、周杰:《中国式现代化助推人民精神世界的丰富》,《贵州师范大学学报》(社会科学版),2023年第1期。

38.李蕉:《中共党史研究中的现代化叙事》,《中共党史研究》,2023年第1期。

39.李静:《中国式现代化的发展逻辑》,《贵州民族研究》,2023年第1期。

40.李茂军:《马克思世界历史概念的内涵、特征及当代意义》,《社会科学家》,2023年第3期。

41.李冉、陈海若:《中国式现代化进程中共同富裕的历史演进及其前景》,《西南民族大学学报》(人文社会科学版),2023年第2期。

42. 李双套:《中国式现代化的前提性反思》,《求索》,2023年第1期。

43. 李永杰、陈世宇:《"中国式现代化"概念的渊源考释与话语创新》,《福建师范大学学报》(哲学社会科学版),2023年第1期。

44. 林春逸、崔佳:《恩格斯对资本主义现代化的本质性批判及其现实意义》,《山东社会科学》,2023年第2期。

45. 林振义:《中国式现代化的根本政治保证》,《红旗文稿》,2023年第5期。

46. 刘敬东:《资本、世界历史与共产主义的三位一体——〈资本论〉及其手稿的一个考察》,《马克思主义研究》,2023年第2期。

47. 刘明明:《从特殊到一般:中国式现代化为人类实现现代化提供的新选择》,《河南社会科学》,2023年第2期。

48. 刘世强:《中国共产党百年奋斗影响世界历史进程的缘起背景、主要路径和重大意义》,《马克思主义研究》,2023年第1期。

49. 刘伟兵:《马克思对现代化进程的解码与中国式现代化的独特性》,《福建师范大学学报》(哲学社会科学版),2023年第1期。

50. 刘伟:《中国式现代化的本质特征与内在逻辑》,《中国人民大学学报》,2023年第1期。

51. 刘晓泉、刘方玮:《中国式现代化的五重世界意义》,《理论探索》,2023年第2期。

52. 刘新刚:《中国式现代化对共同富裕问题的解答及其世界历史意义》,《马克思主义研究》,2023年第3期。

53. 刘志刚:《中西方现代化的不同逻辑起点、模式选择与价值追求》,《马克思主义研究》,2023年第1期。

54. 吕永刚:《现代化陷阱的阻滞效应与化解之道:中国经验的世界历史意义》,《世界经济与政治论坛》,2023年第2期。

55.骆郁廷:《中国式现代化:共同特征与中国特色》,《马克思主义研究》,2023年第1期。

56.宁吉喆:《中国式现代化的方向路径和重点任务》,《管理世界》,2023年第3期。

57.裴广一、陶少龙:《中国式现代化:历史轨迹、国际观照与实践进路》,《宁夏社会科学》,2023年第2期。

58.彭劲松:《现代化本质内涵和实践路径的科学洞察——中国式现代化蕴含的独特世界观》,《人民论坛·学术前沿》,2023年第8期。

59.齐卫平:《中国共产党领导中国式现代化的使命任务》,《江西师范大学学报》(哲学社会科学版),2023年第1期。

60.齐卫平:《中国式现代化四个维度的理论解读》,《江汉论坛》,2023年第2期。

61.乔玉强:《中国式现代化新道路与人的现代化新发展——基于马克思世界历史理论的分析》,《社会主义研究》,2023年第1期。

62.邱海平:《深刻认识习近平中国式现代化理论及其重大意义》,《政治经济学评论》,2023年第1期。

63.人民论坛"特别策划"组:《世界历史进程中的中国式现代化》,《人民论坛》,2023年第6期。

64.任保平:《以数字经济打造中国式现代化新引擎》,《人民论坛·学术前沿》,2023年第3期。

65.商晓辉、胡钢:《文化自信自强引领中国式现代化的底蕴和意义》,《甘肃社会科学》,2023年第6期。

66.沈承诚:《中国式现代化的政党逻辑》,《北京联合大学学报》(人文社会科学版),2023年第1期。

67.宋培军:《中国式现代化的历史起源、学术体系与政治实践》,《云南师范大学学报》(哲学社会科学版),2023年第1期。

68. 田鹏颖、谭言:《中国式现代化是解决社会主要矛盾的时代选择》,《河南师范大学学报》(哲学社会科学版),2023年第3期。

69. 佟德志、王旭:《中国式现代化的要素、模式与变迁》,《北京行政学院学报》,2023年第2期。

70. 涂用凯:《科学社会主义视域中的中国式现代化》,《湖北大学学报》(哲学社会科学版),2023年第2期。

71. 汪连杰、刘昌平:《中国式现代化进程中促进共同富裕:理论逻辑、目标原则与路径选择》,《云南民族大学学报》(哲学社会科学版),2023年第2期。

72. 汪明义:《守好中国式现代化的本和源、根和魂》,《红旗文稿》,2023年第4期。

73. 王朝庆:《中国共产党成功推进和拓展中国式现代化的文化基因》,《中国矿业大学学报》(社会科学版),2023年第1期。

74. 王冬云:《中国式现代化进程中历史主动精神的实践表征与生成机理》,《厦门大学学报》(哲学社会科学版),2023年第1期。

75. 王立胜:《中国式现代化理论的世界性维度与人类文明意义》,《人民论坛》,2023年第6期。

76. 王茹:《人与自然和谐共生的现代化:历史成就、矛盾挑战与实现路径》,《管理世界》,2023年第3期。

77. 王水兴:《中国式现代化的生成背景、新文明特质和方法论启示》,《学术界》,2023年第2期。

78. 王永贵:《深刻把握中国式现代化新飞跃的四维向度》,《南京社会科学》,2023年第1期。

79. 文丰安:《以中国式现代化扎实推进共同富裕的辩证关系与创新路径

研究》,《西南大学学报》(社会科学版),2023年第1期。

80.吴海江、江昊:《从"中国模式"到"中国式现代化"》,《思想理论教育》,2023年第3期。

81.吴宏政、陈利维:《中国式现代化的"历史辩证性"》,《思想教育研究》,2023年第1期。

82.吴宏政、付艳:《马克思"世界历史目的"的双重结构》,《江苏社会科学》,2023年第2期。

83.吴宏政:《世界变局中的"历史确定性"》,《马克思主义理论学科研究》,2023年第3期。

84.吴宏政、张兵:《21世纪世界历史的生存论基础》,《学习与探索》,2023年第3期。

85.武豹、吴学琴:《论中国式现代化话语体系的建构》,《中国矿业大学学报》(社会科学版),2023年第1期。

86.项久雨:《世界变局中的文明形态变革及其未来图景》,《中国社会科学》,2023年第4期。

87.项久雨:《中国式现代化的文化叙事》,《武汉大学学报》(哲学社会科学版),2023年第2期。

88.肖新建:《深刻认识和把握人与自然和谐共生的现代化》,《当代世界》,2023年第2期。

89.谢晓娟、丁泽宇:《中国式现代化:探索历程与世界意义》,《江西社会科学》,2023年第2期。

90.杨晓娟、姜红明:《中国现代化演进的历史向度:从西学东渐到文明创生》,《江汉论坛》,2023年第2期。

91.姚满林:《马克思对世界历史解读的新范式及其价值》,《理论视野》,2023年第4期。

92.叶小文:《中国式现代化的基本逻辑和文化底蕴》,《北京社会科学》,2023年第1期。

93.于萍:《论中国式现代化的人民性》,《党的文献》,2023年第1期。

94.余斌:《中国式现代化的政治经济学分析》,《经济纵横》,2023年第1期。

95.俞祖华:《毛泽东与中国式现代化的早期探索》,《济南大学学报》(社会科学版),2023年第2期。

96.袁蓓:《超越西方现代化何以可能:资本"空间修复"的双重限度与中国式现代化——基于〈共产党宣言〉空间化视角的分析》,《福建师范大学学报》(哲学社会科学版),2023年第2期。

97.袁祖社:《中国式现代化:美好世界的新理论规则与实践逻辑》,《山西大学学报》(哲学社会科学版),2023年第2期。

98.岳奎、赵鹤玲:《中国式现代化话语的嬗变与传播》,《南昌大学学报》(人文社会科学版),2023年第1期。

99.臧峰宇:《中国式现代化的文明底蕴及其世界历史意义》,《哲学研究》,2023年第1期。

100.张丛:《中国式现代化创造人类文明新形态刍议》,《学校党建与思想教育》,2023年第6期。

101.张洪为:《中国式现代化何以推进全体人民共同富裕?——基于中西方现代化发展历程的比较分析》,《行政论坛》,2023年第1期。

102.张建荣:《重读〈资本论〉:马克思世界历史理论的哲学贡献——兼论对中国式现代化的现实启示》,《当代经济研究》,2023年第3期。

103.张建忠:《现代化视域下社会主义初级阶段的历史跨度和发展进阶》,《河海大学学报》(哲学社会科学版),2023年第1期。

104.张伦阳、王伟:《中国式现代化:中国共产党开辟实现中华民族伟大复兴的中国道路探索》,《西南民族大学学报》(人文社会科学版),2023年第3期。

105.张神根:《党的二十大与中国式现代化》,《马克思主义与现实》,2023年第1期。

106.张天勇、张雪:《场域自觉与中国式现代化道路的生成》,《贵州社会科学》,2023年第1期。

107.张云飞:《人与自然和谐共生:中国式现代化的生态维度和本质要求》,《南京工业大学学报》(社会科学版),2023年第1期。

108.张占斌、熊杰:《从大历史视野看中国式现代化的主动》,《东南学术》,2023年第2期。

109.赵朝峰:《中国式现代化的价值旨归和生成逻辑》,《求索》,2023年第1期。

110.赵建军:《以中国式现代化加快推进人与自然和谐共生现代化》,《中州学刊》,2023年第1期。

111.《中国式现代化新道路与人类文明新形态研究》,《复旦学报》(社会科学版),2023年第2期。

112.周密、刘力燔:《中国式现代化的经济学阐释:"六位一体"的逻辑框架》,《社会科学辑刊》,2023年第2期。

113.周向军、李明芮:《中国式现代化的哲学意蕴》,《南通大学学报》(社会科学版),2023年第1期。

114.朱安东:《中国式现代化的世界历史意义》,《思想教育研究》,2023年第3期。

115.卓成霞:《中国式现代化与实现共同富裕:历史耦合与实践进路》,《求是学刊》,2023年第1期。

后 记

　　本书是上海市哲学社会科学规划"研究阐释党的二十大精神"专项课题的阶段性成果，其能出版离不开这个伟大的时代，离不开马克思主义的指导，离不开中国共产党的现代化探索。中国式现代化道路是人类现代化历史上具有原创意义的探索，而深究其原创意义离不开世界历史提供的理论坐标和场域支持。对天朝上邦的中国来说，鸦片战争是当头棒喝，此后如何追求独立富强成为中华民族不断追求的伟大梦想。就此而言，中国式现代化是生成于世界历史并将深刻影响和改变世界历史的现代化，不仅为中华民族、为社会主义现代化提供了道路和方向指引，而且还为资本主义现代化和后发展国家现代化提供了新的蓝图。这是本书得以形成的理论基点，也是深化中国式现代化研究的理论和现实基础。

　　如何走向现代化、走向何种现代化，是世界各民族在探索现代化建设过程中深度思考和全力解决的重大理论问题。从人类发展历史进程来看，资本主义和社会主义是世界各民族走向现代化的两条重要途径。关键问题在人类现代化实践肇始于西方资本主义，由此产生了"现代化等于资本主义"的误解。理论研究者长期关注资本主义现代化理论和实践，对社会主义现代化关注相对不足。社会主义国家首先诞生在东方落后国家，这决定了社会主义现代化道路的特殊性。把握西方现代化必然绕不开资本，资本主义现代化以资本为轴心,既塑造了其独有的文明形态,也生成了其难以调和的内部矛盾。在资本向外扩张进程中,资本主义实现了对其现代化模式的全球布展,同时将其矛盾复制到了世界各国,这是马克思建构世界历史理论的基础,也是预测未来理想社会的现实逻辑。换言之,资本主义全球扩张形成的世界历史是阐释社会主义现代化的理论基础和宏大场域。本书以此为出发点,对中国式现代化道路形成发展的历史因由、彰显的历史主动、进行的历史探索和做出的历史贡献做了粗浅的梳理和探讨,以期为深化认识和推进中国式现代化提供有益启发。

本书得以出版离不开诸位师生好友和家人的鼓励,同时特别感谢学院和各位老师对本书的支持。限于有限时间和学识,本书在诸多方面存在不足,恳请各位同行多批评指正。

最后特别感谢天津人民出版社,感谢武建臣编辑辛勤的协调、编校,为本书的出版做了大量的基础工作。

胡博成

2025 年 3 月 15 日